Andrea Erkert

Ruhe-Oase Stuhlkreis

Neue Entspannungsspiele für jeden Tag

Illustrationen: Irene Brischnik

Ökotopia Verlag, Münster

Impressum

Autorin	Andrea Erkert
Lektorat	Karla Seedorf
Illustrationen	Irene Brischnik
Satz	design-depot (www.design-depot.eu)
Covergestaltung	PERCEPTO mediengestaltung
ISBN	978-3-86702-369-6

1. Auflage

Inhalt

Vorwort

Liebe Leserinnen und Leser!

Im Stuhlkreis zwischendurch zur Ruhe kommen, träumen und entspannen – mit den zahlreichen Praxisideen aus diesem Buch gelingt das kinderleicht.

Die hier versammelten Entspannungsangebote für Kinder im Alter von 3 bis 6 Jahren können alle im Handumdrehen im Stuhlkreis durchgeführt werden. Dabei werden, falls überhaupt, nur solche Materialien benötigt, die in nahezu jeder Einrichtung vorhanden sind.

Die Entspannungsangebote mit Musik enthalten passende Musiktipps zum Stillwerden, Träumen und Relaxen und können darüber hinaus auch anderweitig im Kindergarten oder Anfangsunterricht eingesetzt werden. Die kurzen Instrumentalstücke stammen aus den beiden CDs „Kinderleichte Ruheerlebnisse" von Dr. Martin Buntrock und „Kinder kommen zur Ruhe" von Dr. Volker Friebel und Ralf Kiwit und sind ebenfalls im Ökotopia Verlag erschienen.

Das Buch gliedert sich in 6 Kapitel mit jeweils 3 Kästchen, in denen wichtige Hinweise für die Praxis stehen. Zu jeder Spielidee gibt es eine einfache und eine anspruchsvollere Spielvariante, sodass Sie aus über 150 Entspannungsangeboten auswählen können.

Im ersten Kapitel finden Sie jede Menge ruhige Mitmachideen, die zeigen, wie Kinder den Morgenkreis leise einläuten und beenden können. Werden solche Spiele regelmäßig durchgeführt, wird daraus bald ein schönes Ritual, das den Kindern viel Sicherheit, Halt und Orientierung gibt.

Das zweite Kapitel beinhaltet vielfältige Spielideen, bei denen Kinder durch Bewegung zur Ruhe kommen. In rasanten Bewegungs- und Reaktionsspielen werden Unruhe und Frust spielerisch abgebaut, sodass die Kinder erheblich leichter ihre innere Ruhe (wieder)finden und sich entspannen können.

Im dritten Kapitel sollen sich die Kinder durch Streichelmassagen und Tastspiele ganz bewusst auf eine Sache einlassen, Ruhe und Entspannung genießen. Auf diese Weise werden u. a. die Sinne geschärft und ein gutes Körperschema aufgebaut.

Das vierte Kapitel hält für Sie jede Menge Spiele zum Lauschen, Tanzen und Stillwerden bereit. Die Kinder lassen sich von sanften Klängen und Melodien inspirieren, die zum Hinhören, Träumen und meditativen Tanzen einladen und sich positiv auf das allgemeine Wohlbefinden auswirken.

Im fünften Kapitel werden Mandalas und kreative Entspannungsangebote vorgestellt, bei denen die kleinen KünstlerInnen voll auf ihre Kosten kommen. Allein schon durch das Kreativsein werden die Kinder viel ruhiger und ausgeglichener, sodass sie sich besonders gut auf die Entspannung einlassen können.

Das sechste und letzte Kapitel bietet Ihnen zahlreiche Entspannungsspiele für den Spielkreis und Eltern-Kind-Nachmittag, bei denen Klein und Groß gleichermaßen schöne Ruheerlebnisse genießen können, die sich zum größten Teil auch für zu Hause anbieten und einfach guttun.

Ich wünsche Ihnen und den Kindern viele schöne Gelegenheiten zum Stillwerden, Träumen und Entspannen im Stuhlkreis.

Andrea Erkert

Morgenkreis

Zarter Morgenklang

Alle Kinder knien vor ihren Stühlen im Kreis. Die Spielleitung in der Kreismitte nimmt die Klangschale in die flache Handfläche und reibt mit dem Klöppel gleichmäßig am Rand der Schale entlang, sodass ein klingender Ton erzielt wird. Erst wenn dieser nicht mehr zu hören ist, begrüßt sie leise ein beliebiges Kind, das sich daraufhin auf seinen Stuhl setzt. Danach führt sie das Begrüßungsspiel auf die gleiche Art fort.

Wenn alle im Stuhlkreis beisammensitzen und einander die Hände reichen, sagen sie laut: „Guten Morgen!"

Variante ab 5 Jahren

Die Spielleitung bringt die Klangschale in der Kreismitte so wie im vorherigen Spiel beschrieben zum Klingen. Die Gruppe steht auf und geht dabei leise und langsam in Richtung Kreismitte, bis jedes Kind seine Arme um die Schultern seines linken und rechten Nachbarkindes im Kreis legen kann. Ist der Klang verklungen, begrüßen sie sich gegenseitig.

Zauberhafte Begrüßung

Die Spielleitung steht in der Kreismitte und hält einen Glitzerstab in den Händen, den sie langsam umdreht. Die Kinder verfolgen beruhigt und fasziniert mit, wie der Glitter langsam nach unten fließt. Erst wenn der ganze Glitter am unteren Stabende liegt, begrüßt sie die Gruppe.

Variante ab 5 Jahren

Die Kinder stehen vor ihren Stühlen. Die Spielleitung holt ein Fläschchen Seifenblasen und stellt sich auf die Kreisbahn, um Seifenblasen zu pusten. Dabei holt sie tief Luft und atmet in aller Ruhe möglichst doppelt so lange wieder aus, sodass sie große Seifenblasen herstellen kann. Die Kinder ahmen alle Bewegungen nach: Sie tun so, als ob sie Seifenblasen herstellen würden. Wenn die letzte Seifenblase zerplatzt ist, setzen sich alle in den Stuhlkreis, um einander zu begrüßen.

Ruhige Spiele zum Begrüßen im Morgenkreis tragen dazu bei, dass die Kinder sich allein schon durch die Kreisform als ein wichtiger Teil der Gruppe erleben und sich wohl- und angenommen fühlen. Auf diese Weise können die Kinder viel entspannter und fröhlicher in ihren Tag starten.

Zarter Morgenklang
Alter: ab 3 Jahren
Material: 1 Klangschale; evtl. 2 Klangschalen

Zauberhafte Begrüßung
Alter: ab 3 Jahren
Material: 1 Glitzerstab; evtl. 1 Fläschchen Seifenblasen

Das kleine Morgenlicht

Die Spielleitung wäscht das Marmeladenglas aus, entfernt die Etiketten und trocknet das Glas ab. Sie entzündet ein Teelicht, das sie in das Glas stellt. Dadurch, dass das Glas nicht bemalt wird, kommt das Licht besonders gut zur Geltung.

Die Kinder knien sich vor ihren Stühlen hin. Die Spielleitung stellt das „Morgenlicht" direkt vor einem Kind auf den Boden, das sie daraufhin leise begrüßt. Während es sich auf seinen Stuhl setzt, stellt die Spielleitung das „Morgenlicht" vor dessen linkes Nachbarkind hin, das sie ebenfalls leise begrüßt und sich dann auf seinen Stuhl setzt. So geht es weiter, bis alle auf ihren Stühlen sitzen.

Variante ab 3 Jahren

Die Kinder sitzen stillschweigend im Stuhlkreis beisammen. Die Spielleitung geht mit dem „Morgenlicht", das sie auf einem kleinen Tablett transportiert, einmal ganz langsam im Innenkreis herum und setzt sich dann in den Stuhlkreis, um die Gruppe zu begrüßen. Sobald jedoch ein Kind das Schweigen bricht, fängt sie das Spiel von einem anderen Platz aus von vorne an.

Das kleine Morgenlicht
Alter: ab 5 Jahren
Material: 1 leeres kleines Marmeladenglas, 1 Stabfeuerzeug; evtl. 1 kleines Tablett

Schöne Morgenklänge

Die Kinder setzen sich auf ihren Stühlen aufrecht hin, lassen ihre Hände auf den Oberschenkeln ruhen und schließen die Augen. Die Spielleitung holt sich eine Klangschale und geht auf leisen Sohlen im Außenkreis herum. Irgendwann bleibt sie hinter einem Kind stehen und lässt die Klangschale auf ihrer flachen Handfläche erklingen. Ist der Klang verklungen, legt sie eine Hand auf eine Schulter des Kindes, um es sanft zu wecken und leise zu begrüßen. Während nun die Spielleitung leise weiter links im Außenkreis herumgeht, öffnet das Kind seine Augen, gähnt, reckt und streckt sich ausgiebig.

Das Spiel ist aus, sobald alle Kinder von der Spielleitung leise begrüßt wurden.

Variante ab 3 Jahren

Alle Kinder sitzen so wie oben beschrieben im Stuhlkreis beisammen. Die Spielleitung stellt die Klangschale in die Kreismitte, die sie mehrfach und nicht zu schnell hintereinander anschlägt. Ist der Klang verklungen, öffnen alle Kinder ihre Augen, gähnen, recken und strecken sich nach Herzenslust. Am Ende erheben sich alle von ihren Plätzen, um einander zu begrüßen.

Funkelndes Lichtermeer

Die Spielleitung teilt die Teelichter aus und platziert einen Gymnastikreifen in der Kreismitte, den sie mit farbenfrohen Chiffontüchern auslegt.

Die Kinder stehen der Reihe nach auf und schalten ihr Teelicht an. Jeder stellt sein flackerndes Licht in den Reifen. Sitzen alle wieder im Stuhlkreis beisammen, dunkelt die Spielleitung den Raum etwas ab. Die Kinder betrachten nun in aller Ruhe die vielen leuchtenden Lichter im Reifen. Nach einer Weile begrüßt die Spielleitung die Gruppe und macht bewusst, dass jedes Kind zwar ein kleines, jedoch ein ganz besonderes Licht ist. Wenn alle Lichter leuchten, entsteht ein schönes funkelndes Lichtermeer.

Variante

Die Spielleitung stellt in den mit farbenfrohen Chiffontüchern ausgelegten Reifen für jedes Kind ein elektrisches Teelicht, das leuchtet. Jedes Kind holt sich der Reihe nach ein Teelicht aus dem Reifen und stellt es vor seinen Stuhl hin. Sitzen alle Kinder wieder im Stuhlkreis beisammen, betrachten sie das kreisförmig angeordnete Lichtermeer, bis sie die Spielleitung begrüßt.

Schöne Morgenklänge
Alter: ab 5 Jahren
Material: 1 Klangschale

Funkelndes Lichtermeer
Alter: ab 3 Jahren
Material: pro Kind 1 elektrisches Teelicht (Kunststoffkerze, weiß); Chiffontücher in warmen Farben (z.B. in Gelb, Orange und Rot), 1 Gymnastikreifen

Harte Steine und zarte Klänge

Alle Kinder holen sich jeweils einen Speckstein und knien sich vor ihren Stühlen hin. Ein beliebiges Kind beginnt, legt seinen Stein in die Kreismitte und setzt sich auf seinen Stuhl. Dann begrüßt es leise ein anderes Kind. Dieses legt seinen Stein zu dem anderen in die Kreismitte und geht auf seinen Platz zurück. Das Spiel wird auf die gleiche Art fortgesetzt, bis alle Steine in der Mitte liegen. Die Spielleitung begrüßt das erste Kind und schaltet die Entspannungsmusik ein, die leise im Hintergrund erklingt. Währenddessen gehen die Kinder Hand in Hand im Uhrzeigersinn um die Steine herum und betrachten dieses Gemeinschaftsbild.

Variante ab 3 Jahren

Die Kinder knien vor ihren Stühlen im Kreis. Die Spielleitung schaltet die Entspannungsmusik ein, die leise im Hintergrund zu hören ist. Nun legen die Kinder der Reihe nach ihre Steine in den Innenkreis und setzen sich anschließend auf ihre Stühle. Sitzen alle Kinder im Stuhlkreis beisammen, begrüßt die Spielleitung leise die Gruppe.

Harte Steine und zarte Klänge
Alter: ab 4 Jahren
Material: pro Kind 1 Speckstein o. Ä.; Entspannungsmusik (z. B. Nr. 10 „Musik der Steine" der CD „Kinder kommen zur Ruhe" von Volker Friebel und Ralf Kiwit)

Sanfter Weckruf

Die Kinder machen einen Stuhlkreis (die Stuhllehnen zeigen zur Kreismitte), setzen sich rittlings auf die Stühle, verschränken ihre Arme auf der Lehne und legen ihre Stirn darauf. Wer will, schließt seine Augen.

Die Spielleitung dunkelt den Raum etwas ab und stellt die angezündete Kerze in die Kreismitte. Nun lässt sie Entspannungsmusik erklingen. Endet die Musik, bittet sie die Kinder, ihre Augen zu öffnen. Dabei schlägt sie die Klangschale an. Die Kinder bilden nun eine Faust und strecken langsam einen Arm in die Luft. Schlägt die Spielleitung erneut die Klangschale an, wird der Vorgang mit dem anderen Arm wiederholt. So werden die Arme abwechselnd mehrmals gestreckt. Dann stehen alle auf und hüpfen kräftig auf der Stelle. Nun begrüßt die Spielleitung die Gruppe herzlich.

Variante ab 4 Jahren

Statt Entspannungsmusik schließen die Kinder nur für ein paar Sekunden die Augen. Dabei erzählt die Spielleitung ihnen, wie gut die Ruhe ihrem Körper tut, indem sie der Reihe nach die einzelnen Körperteile benennt. Dann weckt sie die Kinder sanft auf, indem sie die Klangschale anschlägt. Miteinander bilden sie Fäuste, strecken ihre Arme abwechselnd hoch und stehen schließlich auf.

Spiele zum Begrüßen und Verabschieden, die mithilfe von Klangschale, Triangel & Co. durchgeführt werden, eignen sich besonders gut für unruhige Kinder. Die harmonischen Klänge solcher Instrumente ermöglichen, dass die Kinder in einer besonders ruhigen und sicheren Atmosphäre in der Gruppe ankommen und sich so auch wieder voneinander verabschieden können.

Sanfter Weckruf
Alter: ab 6 Jahren
Material: 1 Klangschale, 1 dicke Kerze, 1 Stabfeuerzeug, Entspannungsmusik (z. B. Nr. 12 „Abendlied" der CD „Kinder kommen zur Ruhe" von Volker Friebel und Ralf Kiwit)

Kleine Rituale zum Abschied, die genauso ruhig wie zu Beginn des Stuhlkreises verlaufen, tun gut und bewirken, dass die Kinder nicht abrupt die Spielzeit im Stuhlkreis beenden. Indem die Kinder sich in aller Ruhe voneinander verabschieden, können sie viel entspannter und gelassener ihren übrigen Tag genießen.

Eine ruhige Abschiedsrunde

Die Kinder sitzen im Stuhlkreis beisammen. Die Spielleitung schlägt die Triangel an und geht leise im Innenkreis herum. Ist der Klang verklungen, bleibt sie stehen, dreht sich in Richtung Außenkreis und sagt zu dem Kind, das sich vor ihr befindet:

Du sitzt hier ganz ruhig im Kreis. Ich sage ‚Tschüss! Bis bald!' ganz leis.

Danach darf das betreffende Kind den Stuhlkreis verlassen.

Variante ab 4 Jahren

Alle Kinder sitzen im Stuhlkreis beisammen. Die Spielleitung schlägt die Triangel mehrmals an. Erst wenn die Kinder hören, dass der Klang verklungen ist, stehen sie auf, um sich im Flüsterton voneinander zu verabschieden. Dabei sagen sie leise die beiden Sätze in Wir-Form aus der vorigen Variante auf.

Pst! Wir winken!

Ein beliebiges Kind geht leise im Innenkreis links herum. Immer wenn es an einem Kind vorbeigeht, winkt das betreffende Kind ihm zum Abschied zu. Sobald das Kind wieder auf seinem Platz angekommen ist, setzt es sich hin. Danach macht sich das Kind links neben ihm auf den Weg. Dieses Abschlussspiel wird so lange fortgesetzt, bis alle Kinder einmal im Innenkreis linksherum gehen konnten.

Eine ruhige Abschiedsrunde
Alter: ab 3 Jahren
Material: 1 Triangel

Pst! Wir winken!
Alter: ab 3 Jahren

Variante ab 5 Jahren

Das Spiel verläuft wie oben beschrieben. Sobald jedoch ein Kind einen Laut macht, fängt das Spiel ausgehend von einem anderen Platz von vorne an. Spätestens nach dem dritten Versuch ist es beendet.

Zauberhafte Erlebnisse

Die Spielleitung lässt den Gong erklingen. Danach erzählt sie den Kindern von einer Begebenheit, die sie heute als besonders schön empfunden hat. Das kann z. B. ein Waldspaziergang mit den Kindern gewesen sein oder eine Bastelstunde, die harmonisch verlaufen ist. Die Kinder können dabei ihre Augen schließen, um sich ganz bewusst auf das Gesagte einzulassen. Am Ende schlägt die Spielleitung ein paarmal leise den Gong an und verabschiedet die Gruppe.

Variante ab 3 Jahren

Die Spielleitung lässt ein paarmal den Gong leise erklingen, damit die Kinder innerlich zur Ruhe kommen. Danach schildert sie ein schönes Erlebnis, das alle heute erlebt haben. Am Ende verabschiedet sie sich von den einzelnen Kindern per Handschlag.

Sonnige Zeiten

Alle Kinder sitzen rittlings auf ihren Stühlen, verschränken ihre Arme auf der Stuhllehne und lassen ihren Kopf darauf ruhen. Die Spielleitung schaltet die Entspannungsmusik ein. Während diese nun leise erklingt, schließen die Kinder die Augen und erinnern sich an etwas Schönes, das sie heute erlebt haben. Sobald die Musik endet, öffnen alle ihre Augen und setzen sich so hin, dass sie einander gut sehen können. Wer möchte, darf die Gruppe an seinem schönen Erlebnis teilhaben lassen und davon erzählen.

Am Ende sagen alle ganz leise „Tschüss!" und verlassen den Stuhlkreis.

Variante

Während die Spielleitung im Hintergrund leise ein beruhigendes, entspannendes Instrumentalstück erklingen lässt, erzählen die Kinder der Reihe nach und in aller Ruhe, was sie heute Schönes erlebt haben. Sollte die Erzählrunde vorzeitig beendet sein, bleiben sie einfach sitzen und hören die Musik, die zum Entspannen und Träumen einlädt, bis zum Ende an.

Zauberhafte Erlebnisse
Alter: ab 5 Jahren
Material: 1 Gong o. Ä.

Sonnige Zeiten
Alter: ab 6 Jahren
Material: Entspannungsmusik (z. B. Nr. 6 „Sonnenstrahlen" aus der CD „Kinder kommen zur Ruhe" von Volker Friebel und Ralf Kiwit)

Klangvoll „Tschüss!“ sagen

Die Spielleitung steht mit Klangschale in der Kreismitte. Sie stellt die Klangschale auf den Boden und schlägt sie ein paarmal an. Wenn der Klang nicht mehr nachhallt, hält sie eine Hand an ihr Ohr und flüstert einem Kind, auf das sie deutet, leise zu:

Tschüss, kleine Maus!
Die Spielzeit ist aus!

Auf diese Weise verabschiedet sie der Reihe nach auch die anderen Kinder.

Variante ab 5 Jahren

Ein beliebiges Kind geht in die Kreismitte, schlägt die Klangschale an und geht, sobald der Klang verklungen ist, auf ein anderes Kind zu, um dieses so wie die Spielleitung in der vorigen Version zu verabschieden. Danach tauschen beide ihre Plätze. So geht das immer weiter, bis jedes Kind einmal die Klangschale angeschlagen hat.

Goodbye! Güle güle!

Die Kinder sitzen im Stuhlkreis beisammen und schließen ihre Augen.

Die Spielleitung tippt die rechte Schulter ihres linken Nachbarkindes an und flüstert diesem leise auf Deutsch oder in einer anderen Sprache ein Abschiedswort ins rechte Ohr. Das betroffene Kind setzt das Spiel auf die gleiche Weise mit seinem linken Nachbarkind fort.

Wenn die Spielleitung wieder an der Reihe ist, hört das Spiel auf.

Variante ab 3 Jahren

Die Kinder sitzen zusammen im Stuhlkreis. Ein beliebiges Kind beginnt und flüstert den übrigen Kindern ein Abschiedswort in einer beliebigen Sprache zu. Darauf ist das Kind, das links neben ihm im Stuhlkreis sitzt, an der Reihe. Es setzt das Spiel auf die gleiche Weise fort.

Das Flüsterspiel endet, sobald alle Kinder sich leise von der Gruppe verabschieden konnten.

Klangvoll „Tschüss!“ sagen
Alter: ab 3 Jahren
Material: 1 Klangschale

Goodbye! Güle güle!
Alter: ab 5 Jahren

Teddy sagt: „Tschüss, bis morgen!"

Die Kinder sitzen im Stuhlkreis beisammen. Die Spielleitung ruft nacheinander die Kinder leise auf, die daraufhin ihre Stühle jeweils so hinstellen, dass die Lehnen alle in Richtung Kreismitte zeigen. Dann setzen sich alle rittlings auf ihre Stühle, verschränken ihre Arme auf der Stuhllehne und legen ihre Stirn darauf. Wer möchte, schließt die Augen.

Die Spielleitung holt sich einen Teddy und geht leise im Inneren des Kreises herum. Sie bleibt immer wieder stehen, um den einzelnen Kindern mithilfe des Teddys z. B. sanft über den Rücken und den Kopf zu streicheln. Dabei verabschiedet sich Teddy bzw. die Spielleitung leise von dem betreffenden Kind. Das Kind öffnet nun, falls noch nicht geschehen, die Augen.

Sobald alle Kinder „wach" sind, stehen sie auf und setzen sich so wie zu Beginn in den Stuhlkreis. Die Spielleitung verabschiedet zuerst den „Teddy" und dann auch die Gruppe.

Variante ab 5 Jahren

Die Spielleitung holt sich einen Teddy und setzt sich zu den Kindern in den Stuhlkreis, die ihre Augen schließen. Sie dreht sich zu ihrem linken Nachbarkind, dem sie mithilfe des Teddys die rechte Schulter streichelt. Das Kind öffnet seine Augen und erhält den Teddy, mit dem es auf die gleiche Weise die rechte Schulter seines linken Nachbarkindes streichelt.

Es geht so immer weiter, bis alle Kinder sanft mithilfe des Teddys geweckt und schließlich von diesem bzw. der Spielleitung leise verabschiedet wurden. Am Ende sagt die Spielleitung erst zum Teddy „Tschüss!" und dann natürlich auch zu allen Kindern.

Teddy sagt: „Tschüss, bis morgen!"
Alter: ab 3 Jahren
Material: 1 Teddy o. Ä.

Bewegung und Entspannung

Im Handumdrehen entspannt

Auf ein Kommando der Spielleitung hin wechseln alle Kinder im Stuhlkreis blitzschnell ihre Plätze. Wenn jeder wieder sitzt, zählt die Spielleitung leise bis 3 und lässt schließlich die Klangschale erklingen. Ist der Klang verklungen, fängt eine neue Spielrunde an, bei der die Kinder auf Anweisung der Spielleitung hin wieder rasch ihre Plätze wechseln.

Nach ein paar Durchgängen ist das Spiel aus.

Variante ab 5 Jahren

Die Kinder rutschen im Uhrzeigersinn so lange von einem Platz zum anderen, bis die Spielleitung bis 10 gezählt hat und schließlich die Klangschale anschlägt. Ist der Klang verklungen, fängt das Ganze von vorne an.

Mach mal Pause!

Alle Kinder stellen sich vor ihre Stühle. Die Spielleitung sagt mehrmals hintereinander:

Auf und nieder, immer wieder!

Dementsprechend setzen die Kinder sich kurz auf ihre Stühlen und stehen gleich wieder auf. Das Auf und Ab geht so lange, bis die Spielleitung sagt:

Nun ruhen wir uns alle erst einmal aus.
Nach 20 Sekunden ist das Spiel dann aus!

Während die Kinder auf ihren Stühlen sitzen, zählt die Spielleitung langsam und nicht zu laut bis 20. Nach einer kurzen Pause der Stille bilden die Kinder Fäuste und recken und strecken sich ausgiebig.

Variante ab 3 Jahren

Statt kurz aufzustehen bleiben die Kinder sitzen, strecken ihre Arme nach oben und legen die Hände dann wieder auf den Oberschenkeln ab. Die Bewegung wiederholen sie so lange, bis die Spielleitung die letzten beiden Sätze sagt. Dabei zählt sie jedoch nur bis 10. Dementsprechend formuliert sie dann den letzten Satz.

Insbesondere jüngere Kinder können noch nicht lange ruhig auf einem Stuhl sitzen bleiben und sich auf eine Sache konzentrieren. Entspannungsangebote, die Bewegungselemente enthalten, sind geradezu ideal, damit sie sich auf Ruhe und Entspannung einlassen können.

Im Handumdrehen entspannt
Alter: ab 4 Jahren
Material: 1 Klangschale

Mach mal Pause!
Alter: ab 5 Jahren

Ganz entspannte Hampelmänner

Alle Kinder stellen sich vor ihre Stühle mit geschlossenen Beinen und seitlich herabhängenden Armen. Sie springen wie ein Hampelmann, indem sie beim Sprung die Hände mit gestreckten Armen über dem Kopf zusammenführen und dabei mit den Beinen in eine kleine Grätsche springen. Danach geht's wieder in die Startposition zurück. Sie wiederholen den Sprung ohne Pause so lange, bis die Spielleitung sie mit dem Zauberstab der Reihe nach auf eine Schulter antippt. Wurde ein Kind berührt, setzt es sich sofort in den Stuhlkreis. Wenn alle Kinder im Stuhlkreis beisammensitzen, sagt die Spielleitung laut:

Alle Hampelmänner ruhen sich aus. Sind sie entspannt, ist das Spiel aus!

Die Kinder bleiben noch ein paar Sekunden sitzen, bevor die Spielleitung das Spiel offiziell beendet.

Ganz entspannte Hampelmänner
Alter: ab 5 Jahren
Material: 1 Zauberstab o. Ä.

Variante ab 3 Jahren

Die Spielleitung steht in der Kreismitte und schwenkt den Zauberstab rauf und runter. Im Takt dazu spielen die Kinder Hampelmänner, indem sie über ihrem Kopf in die Hände klatschen und mit geschlossenen Beinen auf der Stelle hüpfen. Nach einiger Zeit sagt die Spielleitung laut die beiden oben genannten Sätze, worauf sich alle Kinder in den Stuhlkreis setzen und es sich bequem machen.

Sobald alle ganz leise sind, beendet die Spielleitung das Spiel.

Entspannte Mäuserunde

Jedes Kind platziert unter seinem Stuhl jeweils ein Kissen. Nun legen sich die Kinder mit dem Kopf auf die Kissen und strecken ihre Füße in Richtung Kreismitte. Liegen alle bequem, sagt die Spielleitung:

Alle Mäuse krabbeln aus dem Haus heraus!

Die Mäusekinder krabbeln unter den Stühlen hervor und dann auf allen Vieren im Innenkreis so lange herum, bis die Spielleitung sagt:

Alle Mäuse krabbeln nun rasch nach Haus und ruhen sich unter den Stühlen aus!

Daraufhin suchen sich die Mäusekinder jeweils einen freien Stuhl, um es sich darunter wie auch schon zu Beginn des Spiels bequem zu machen.

Die Spielleitung schaltet die Entspannungsmusik ein. Wer möchte, schließt die Augen, während leise die Entspannungsmusik erklingt. Ist die Musik beendet, bilden alle Kinder Fäuste, recken und strecken sich ausgiebig und stehen schließlich auf.

Variante ab 3 Jahren

Das Spiel verläuft so wie oben beschrieben. Die Spielleitung lässt jedoch keine Entspannungsmusik, sondern die Klangschale ein paarmal erklingen. Das Spiel ist aus, sobald der Klang verklungen ist.

Ausgelassenes Bewegen kann helfen, dass die Kinder wieder leichter zur Ruhe kommen und sich besser konzentrieren können. Basis jeder Entspannung mit Kindern sollten deshalb sowohl Bewegungs- als auch Ruheerlebnisse sein.

Entspannte Mäuserunde
Alter: ab 5 Jahren
Material: pro Kind 1 Kissen o. Ä.; Entspannungsmusik (z. B. Nr. 6 „Phantasie" der CD „Kinderleichte Ruheerlebnisse" von Martin Buntrock); evtl. 1 Klangschale

Ruh dich aus, Frau Holle!

Jedes Kind im Stuhlkreis kniet hinter seinem Stuhl. Die Spielleitung platziert auf jedem Stuhl ein Kissen und liest dann laut den Text vor, zu dem die Kinder die passenden Bewegungen machen:

Frau Holle schaut aus dem Fenster raus und schüttelt kräftig ihr Kissen aus.
Alle stehen auf und schütteln über den Stuhllehnen ihre Kissen aus.
Es schneit fast überall auf der Welt. Der Spaß kostet überhaupt kein Geld!
Wie oben.
Müde und froh geht Frau Holle ins Haus und ruht sich vom Schneetreiben erst einmal aus.
Jedes Kind legt sein Kissen wieder auf seinen Stuhl und setzt sich in den Stuhlkreis. Die Spielleitung in der Mitte dreht die Schneekugel um und stellt sie auf den Boden. Wenn alle Schneeflocken darin auf dem Kugelboden liegen, ist das Spiel beendet.

Ruh dich aus, Frau Holle!
Alter: ab 3 Jahren
Material: pro Kind 1 Kissen; 1 Schneekugel

Variante ab 5 Jahren

Ein Kind steht in der Kreismitte. Die übrigen Kinder rufen:

Frau Holle in der Mitte, fang das Kissen, bitte!

Die Kinder werfen nun von ihren Plätzen aus ein Kissen hin und her. Wenn das Kind in der Kreismitte das Kissen fängt, tauscht es mit einem anderen Kind den Platz, das nun die Frau Holle spielt.

Nach ein paar Durchgängen teilt die Spielleitung für die übrigen Kinder Kissen aus, die jedes Kind auf seinen Stuhl legt. Am Ende sagt die Spielleitung die beiden letzten Sätze der vorigen Variante auf, dreht wie oben die Schneekugel in der Kreismitte um und stellt sie auf den Boden. Das Spiel ist aus, sobald das Schneetreiben in der Kugel beendet ist.

Träumt schön, kleine Katzenkinder!

Die Spielleitung breitet in der Kreismitte ein paar Decken aus.

Alle Kinder stellen sich auf ihre Stühle und schauen auf die Decken in der Kreismitte. Die Spielleitung sagt nun:

Alle Katzenkinder springen herunter. Sie sind fröhlich und ganz munter.

Die Kinder springen von ihren Stühlen und krabbeln so lange im Innenkreis herum, bis die Spielleitung sagt:

Alle Katzenkinder liegen unter einem Baum. Alle Katzenkinder träumen einen schönen Traum.

Die Spielleitung schaltet nun leise die Entspannungsmusik ein. Dann stellt sie kurz einen großen Baum in der Kreismitte dar, indem sie sich

Träumt schön, kleine Katzenkinder!
Alter: ab 5 Jahren
Material:
4-5 Decken; Entspannungsmusik (z. B. Nr. 3 „Im Wald und auf der Wiese" der CD „Kinderleichte Ruheerlebnisse" von Martin Buntrock)

etwas breitbeinig hinstellt und ihre Arme nach oben streckt. Die Kinder legen sich auf die Decken und schließen, falls sie möchten, ihre Augen. Miteinander genießen sie die wohltuende Entspannungsmusik.

Variante ab 3 Jahren

Die Kinder spielen Katzenkinder, die vergnügt im Innenkreis herumkrabbeln. Auf Anweisung der Spielleitung hin ruhen sich alle so lange auf den Decken im Innenkreis aus, bis die Spielleitung sagt:

An alle Katzenkinder in unserem Haus:
Steht auf! Das Katzenkinderspiel ist aus!

Müde Zwerge

Alle Kinder knien sich vor ihren Stühlen im Außenkreis hin. Die Spielleitung wählt ein beliebiges Kind aus, das dann sagt:

Zwerglein, wir sehen dir zu.
Zwerglein, was machst du?

Das Kind, das links neben dem Kind steht, führt nun pantomimisch eine Bewegung vor. Es tut beispielsweise so, als ob es mit einem Pinsel die Stuhllehne streichen würde. Die übrigen Kinder beobachten alles genau und ahmen die Tätigkeit sofort nach. Danach stellt das Kind die gleiche Frage seinem linken Nachbarskind. Reihum geht's so immer weiter, bis alle Kinder eine Tätigkeit mithilfe ihres Stuhls vorstellen konnten.

Am Schluss setzen sich alle Kinder in den Stuhlkreis und hören der Spielleitung zu, die nun sagt:

Alle Zwerge in unserem Haus sind nun müde und ruhen sich aus.

Die Spielleitung dreht die Sanduhr um und stellt sie in die Kreismitte. Wenn der Sand durchgelaufen ist, beendet die Gruppe das Spiel.

Variante ab 3 Jahren

Im Gegensatz zu obiger Variante wählt die Spielleitung 3-4 Kinder aus, die der Reihe nach eine Tätigkeit mithilfe ihres Stuhls vorstellen dürfen.

Die übrigen Kinder ahmen alles sofort nach. Danach setzen alle Kinder sich wieder in den Stuhlkreis, um ein paar Sekunden vor sich hin zu träumen. Die Spielleitung beendet das Spiel, indem sie die Triangel erklingen lässt.

Müde Zwerge
Alter: ab 5 Jahren
Material: 1 Sanduhr (Laufzeit 1 Minute); evtl. 1 Triangel

Kleine Bewegungsgeschichten, die zur nachfolgenden Entspannungsphase überleiten, tragen dazu bei, dass die Kinder gut auf die Entspannung eingestimmt sind und von Anfang an voller Freude dabei sind.

Wohltuende Spieluhr-Melodie

Die Kinder springen auf Anweisung der Spielleitung hin z. B. von ihren Stühlen auf den Boden, hüpfen um die Stühle herum und laufen vor ihren Stühlen auf der Stelle. Haben alle Kinder sich ausgiebig bewegt, beendet sie die Bewegungspause, indem sie sagt:

Wir ruhen uns auf den Stühlen aus, denn jetzt ist die Bewegungspause aus!

Die Kinder setzen sich in den Stuhlkreis und ruhen sich aus. Die Spielleitung dunkelt den Raum etwas ab. Sie zündet die Kerze an und stellt sie neben die Spieluhr in die Kreismitte. Dann zieht sie die Spieluhr auf. Sobald die beruhigende Melodie aus ist, machen die Kinder Fäuste und recken und strecken sich ausgiebig.

Variante ab 3 Jahren

Die Kinder laufen im Außenkreis links herum, bis sie sich auf Anweisung der Spielleitung hin in den Stuhlkreis setzen dürfen. Die Spielleitung stellt die Spieluhr in die Kreismitte und lässt sie laufen. Die Kinder schaukeln im Takt zur Melodie sanft mit dem Oberkörper so lange hin und her, bis die Melodie beendet ist.

Im Liegestuhl

Die Spielleitung bläst den Wasserball auf und verschließt das Mundstück.

Die Kinder stellen sich vor ihre Stühle, werfen einander den Wasserball zu und tun so, als wären sie an einem schönen Sandstrand. Nach einer Weile beendet die Spielleitung das Wasserballspiel und alle setzen sich in ihre „Liegestühle“. Sitzen alle bequem im Stuhlkreis beisammen, erzählt sie den Kindern, dass die Sonne angenehm warm auf sie herabscheint. Wer möchte, schließt dabei die Augen und lässt sich von den imaginären Sonnenstrahlen verwöhnen. Die Spielleitung schlägt die Klangschale mehrmals an, deren wohltuenden Klänge an die wärmenden Sonnenstrahlen erinnern sollen. Am Ende öffnen die Kinder wieder ihre Augen, bilden Fäuste, recken und strecken sich ausgiebig und stehen schließlich kurz auf.

Variante ab 3 Jahren

Die Kinder sitzen vor ihren Stühlen und rollen einander den Wasserball zu. Danach verläuft alles so wie oben beschrieben. Die Spielleitung schlägt jedoch die Klangschale nur einmal an, sodass die Entspannungsphase nicht ganz so lange dauert.

Wohltuende Spieluhr-Melodie
Alter: ab 5 Jahren
Material: 1 Spieluhr mit einer ruhigen Melodie zum Einschlafen oder Zuhören, 1 dicke Kerze und 1 Stabfeuerzeug

Im Liegestuhl
Alter: ab 5 Jahren
Material: 1 Wasserball, 1 Klangschale

Igelkinder

Die Kinder bilden einen großzügigen Stuhlkreis. Während die Spielleitung vor die Stühle je einen Igelball platziert, ziehen die Kinder ihre Schuhe aus.

Jedes Kind rollt seinen Igelball mit dem rechten Fuß um seinen Stuhl herum. Danach wiederholen sie den Vorgang mit dem linken Fuß. Währenddessen berichtet die Spielleitung den Kindern, dass im Herbst alle Igel auf Futtersuche sind. Sobald die Spielleitung die Fingerzimbeln erklingen lässt, setzen sich alle Kinder in den Stuhlkreis, um weiter nach „Futter" zu suchen und schließlich zu „fressen". Dabei massiert sich jedes Kind selbst mithilfe seines Igelballs. Hin und wieder lässt es seinen Igelball auf dem Körper ruhen, um zu „fressen", wobei der Igelball stets in Kontakt mit dem Körper bleibt. Ist der Klang verklungen, geht es wieder weiter. Schließlich legt jedes Kind auf Anweisung der Spielleitung seinen Igelball in ein warmes Versteck bzw. unter seinen Stuhl. Die Igelkinder machen nun Winterschlaf. Dazu schließen sie, falls sie möchten, ihre Augen. Nach einer Weile lässt die Spielleitung die Triangel erklingen: Die Frühlingssonne lockt alle Igelkinder wieder aus ihrem Versteck hervor. Falls die Kinder möchten, beginnt nun eine neue Spielrunde.

Variante ab 3 Jahren

Die Kinder krabbeln auf alle Vieren im Innenkreis herum und rollen dabei ihre Igelbälle vor sich her. Ansonsten verläuft alles so wie oben beschrieben.

Igelkinder
Alter: ab 5 Jahren
Material: pro Kind 1 Igelball, Fingerzimbeln, 1 Triangel

Strandaussicht
Alter: ab 5 Jahren
Material: 1 großes Strandbild (z. B. 1 Kalenderblatt, Poster o. Ä.); Entspannungsmusik (z. B. Nr. 4 „Reise zur Trauminsel" der CD „Kinderleichte Ruheerlebnisse" von Martin Buntrock); evtl. 1 Uhr mit Sekundenzeiger

Strandaussicht

Die Spielleitung legt ein Strandbild in die Kreismitte, um das die Kinder langsam im Uhrzeigersinn herumgehen. Steht jedes Kind wieder vor seinem Platz, beginnt ein beliebiges Kind eine Tätigkeit oder Sportart pantomimisch vorzustellen, die sich für den Sandstrand eignet. Es baut z. B. eine Sandburg, buddelt im Sand oder spielt Beach-Volleyball. Die übrigen Kinder ahmen es sofort nach und sollen die Tätigkeit erraten. Wurde das Rätsel geknackt, startet ein anderes Kind auf die gleiche Art eine neue Spielrunde.

Nach ein paar Durchgängen ruhen sich alle in ihren „Strandkörben“ aus. Die Kinder setzen sich in den Stuhlkreis und träumen vor sich hin. Dabei schaltet die Spielleitung leise die Entspannungsmusik ein. Ist die Musik beendet, wird es allmählich Zeit, den Stand zu verlassen. Die Kinder öffnen ihre Augen, bilden Fäuste, recken und strecken sich und stehen schließlich auf.

Variante ab 4 Jahren

Im Gegensatz zur obigen Variante stellt die Spielleitung 2-3 Tätigkeiten passend zu einem Landschaftsbild, das sie herzeigt, vor, die die Kinder nachahmen und erraten dürfen. Danach setzt sich jedes Kind in seinen „Strandkorb“ und träumt vor sich hin. Nach ca. 1 Minute beendet die Spielleitung das Spiel, indem sie jedem Kind einzeln sanft über den Rücken streichelt und es so sanft weckt.

Kleine Wasserratten ganz entspannt

Bei diesem Spiel sitzen alle Kinder in einem „Ruderboot“: Dazu machen alle zusammen Ruderbewegungen, indem sie ihre Arme gleichzeitig strecken und beugen.

Das geht so lange, bis die Spielleitung alle bittet, sich etwas auszuruhen und sich dabei von den Sonnenstrahlen verwöhnen zu lassen. Die Spielleitung holt sich hierfür eine Triangel und geht langsam im Außenkreis herum. Hinter jedem Kind bleibt sie kurz stehen und lässt die Triangel über dem Kopf erklingen.

Danach schnappen sich auf Anweisung der Spielleitung alle Kinder ihre imaginären Paddel und rudern wieder zurück. Mit ihrem „Ruderboot“ legen sie am „Steg“ an. Sie steigen aus, indem sie aufstehen ihre Hände zu Fäusten ballen und sich recken und strecken.

Variante ab 3 Jahren

Alle Kinder liegen im Inneren des Stuhlkreises auf dem Boden und tun so, als ob sie in einem Badesee schwimmen würden. Sobald die Triangel erklingt, verlassen alle den „Badesee“, um sich jeweils in einem „Strandkorb“ auszuruhen und sich von den wohltuenden Sonnenstrahlen verwöhnen zu lassen. Dabei lässt die Spielleitung in der Kreismitte ein paarmal die Triangel erklingen, bevor sie schließlich das Spiel beendet.

Kleine Wasserratten ganz entspannt
Alter: ab 5 Jahren
Material: 1 Triangel

Streichelmassagen und Tastspiele

Sanfte Farbberührungen

Die Spielleitung schneidet ein großes Stück von der Papierrolle ab und befestigt es mit Klebeband in der Kreismitte. Darauf darf sich ein Kind auf den Rücken legen. Es streckt seine Beine so aus, dass sie leicht gespreizt sind, die Fersen Bodenkontakt haben und die Füße leicht nach außen fallen. Die Arme legt es leicht gebeugt neben dem Oberkörper ab, sodass Handrücken oder Handinnenseite den Boden berühren. In dieser Position zeichnet die Spielleitung den Körperumriss mit einem Wachsmalstift nach. Dann taucht sie den Pinsel in einen leeren Becher mit imaginärer Farbe. Während sie nun z. B. einen Arm des Kindes „bemalt", stellt das betreffende Kind sich eine Farbe vor. Auf Anweisung der Spielleitung hin tauscht das Kind mit einem anderen Kind den Platz, dem die Spielleitung auf die gleiche Art einen anderen Körperteil „bemalt". Auch dieses Kind stellt sich eine Farbe vor. Auf diese Weise geht es immer weiter, bis die Spielleitung bei allen Kindern einen bestimmten Körperteil „bemalt" hat.

Am Schluss setzen alle Kinder sich um den Körperumriss herum und malen jeweils einen zu dem vorherigen Spiel passenden Körperteil mit der dazu ausgewählten Farbe aus. Wer mag, kann seine Farbauswahl begründen.

Variante

Die Spielleitung verwendet keinen flachen Borstenpinsel, sondern eine Klangschale, die sie auf einem Körperteil des liegenden Kindes platziert und schließlich anschlägt. Das Kind stellt sich eine Farbe vor, sobald der Klang erklingt. Sind alle Kinder an der Reihe gewesen, verläuft alles so wie oben beschrieben.

Pinselmassage mit Entspannungsmusik

Alle Kinder sitzen rittlings hintereinander im Stuhlkreis. Die Spielleitung teilt flache Borstenpinsel aus und schaltet leise die Entspannungsmusik ein. Jedes Kind bemalt nun im Takt der Musik mit seinem Pinsel den Rücken des vor ihm sitzenden Kindes nach Herzenslust.

Die Pinselmassage ist aus, sobald die Entspannungsmusik endet.

Variante

Für die Variante wird keine Entspannungsmusik benötigt. Immer wenn die Spielleitung die

Pinselmassagen tun gut und helfen, sich zu entspannen und den eigenen Körper bewusst wahrzunehmen. Nicht zuletzt eignen sie sich insbesondere für Kinder, die sich von anderen nicht so gerne anfassen lassen.

Sanfte Farbberührungen
Alter: ab 5 Jahren
Material: 1 Decke o. Ä, 1 flacher Borstenpinsel, Papierrolle o. Ä., Klebeband, Schere, Wachsmalstifte, 1 Becher; evtl. 1 Klangschale

Pinselmassage mit Entspannungsmusik
Alter: ab 4 Jahren
Material: pro Kind 1 flacher Borstenpinsel; Entspannungsmusik (z. B. Nr. 5 „Dein Rücken soll mein Malblatt sein" der CD „Kinder kommen zur Ruhe" von Volker Friebel und Ralf Kiwit); evtl. 1 Triangel

Triangel anschlägt, beginnt die Pinselmassage so wie oben beschrieben. Sobald jedoch der Klang verklungen ist, lassen die Kinder ihre Pinsel auf den Rücken ihrer Partnerkinder so lange ruhen, bis die Spielleitung erneut die Triangel anschlägt.

Viele kleine Streichelpinsel

Die Kinder setzen sich rittlings hintereinander in den Stuhlkreis und erhalten von der Spielleitung jeweils einen Pinsel.

Ein beliebiges Kind spielt den Malermeister oder die Malermeisterin und malt mithilfe seines Pinsels z. B. kleine und große Kreise auf den Rücken des vor ihm sitzenden Kindes. Dieses wiederum überträgt das Muster möglichst genau auf den Rücken des vor ihm sitzenden Kindes. Auf diese Weise geht es weiter bis zum letzten Kind in der Reihe, das nun in die Luft das malt, was es gerade auf seinem Rücken wahrgenommen hat. Das erste Kind löst das Rätsel auf und zeichnet ebenso für alle gut sichtbar in die Luft, was es zu Beginn auf dem Rücken des vor ihm sitzenden Kindes gemalt hat.

Variante ab 4 Jahren

Die Spielleitung legt 2-3 Decken in die Kreismitte, worauf sich jeweils ein Kind auf den Rücken legt. Je 1-2 Kinder setzen sich um jedes liegende Kind herum. Sie tauchen ihren Pinsel in einen imaginären Farbtopf und bemalen nun je einen bestimmten Körperteil. Danach wechseln sie mit anderen Kindern im Stuhlkreis den Platz, die weitere Körperteile bemalen.

Es geht so immer weiter, bis die Spielleitung die Triangel erklingen lässt und die liegenden Kinder ihre Plätze mit anderen Kindern im Stuhlkreis tauschen.

Viele kleine Streichelpinsel
Alter: ab 5 Jahren
Material: pro Kind 1 flacher Borstenpinsel; evtl. 2-3 Decken o. Ä. und 1 Triangel

Klangkugel-Massage

Während alle Kinder ihre Augen schließen, geht die Spielleitung mit einer Klangkugel in der Hand leise im Außenkreis herum. Hinter einem Kind bleibt sie stehen, um mithilfe der Kugel seinen Rücken zu massieren. Durch die Kugelbewegung werden leise Klänge erzeugt. Die Kinder im Stuhlkreis deuten auf die vermutete Richtung der Klangquelle. Zur Kontrolle öffnen sie ihre Augen.

Nun fängt eine neue Spielrunde an, bei der die Spielleitung auf die gleiche Art den Rücken eines weiteren Kindes mit der Klangkugel massiert.

Nach ein paar Durchgängen ist das Spiel beendet.

Variante

Die Spielleitung breitet eine Decke in der Kreismitte aus. Ein Kind legt sich mit dem Rücken auf die Decke und schließt die Augen, ebenso wie die übrigen Kinder, die im Stuhlkreis beisammensitzen.

Die Spielleitung kniet sich neben das Kind und rollt die Klangkugel um den Körper des Kindes herum. Wer glaubt, die Klangkugel nicht mehr zu hören, hebt die Hand. Zur Kontrolle teilt die Spielleitung den Kindern mit, sobald sie die Klangkugel einmal um den Körper des Kindes herumgerollt hat.

Klangkugel-Massage
Alter: ab 5 Jahren
Material: 1 Klangkugel

Durch Greifen findet Begreifen statt. Aus diesem Grund sollten Tastspiele so oft wie möglich nicht nur im Stuhlkreis durchgeführt werden. Besonders schön ist es, wenn die Kinder die nötige Zeit und Ruhe erhalten, um sich ganz bewusst auf eine Sache einlassen zu können. Auf diese Weise erfahren sie auch, wie gut sich bestimmte Dinge anfühlen.

Klangzart und weich

Alle Kinder im Stuhlkreis erhalten von der Spielleitung jeweils ein Kuscheltier.

Sobald die Spielleitung die Klangschale auf ihre flache Handfläche nimmt und durch gleichmäßiges Reiben mit dem flach gehaltenen Klöppel entlang der Schale diese zum Singen bringt, beginnen die Kinder ihre Kuscheltiere zu streicheln. Ist der Klang verklungen, gibt jedes Kind sein Kuscheltier seinem linken Nachbarkind. Erklingt erneut die Klangschale, fangen sie wieder an, ihre neuen Kuscheltiere zu streicheln. Das Spiel geht so lange weiter, bis jedes Kind wieder sein ursprüngliches Kuscheltier in den Händen hält.

Variante ab 3 Jahren

Die Spielleitung breitet in der Kreismitte eine Decke aus. Während die Kinder ihre Kuscheltiere in der Hand halten und streicheln, bringt die Spielleitung wie oben beschrieben die Klangschale zum Singen. Am Ende legen alle Kinder ihre Kuscheltiere auf die Decke in die Kreismitte, um die sie Hand in Hand im Uhrzeigersinn herumgehen.

Klangzart und weich
Alter: ab 5 Jahren
Material: pro Kind 1 Kuscheltier, 1 Klangschale; evtl. 1 Decke

Tiere streicheln

Die Kinder setzen sich rittlings hintereinander im Stuhlkreis so hin, dass jeder mit den Händen den Rücken des Kindes, das direkt vor ihm sitzt, berühren kann.

Jeder überlegt sich ein Tier, das er oder sie gerne streicheln möchte. Ein Kind beginnt und sagt z. B.: „Ich streichle einem Pony über den Rücken!“ Nun streichelt jeder sanft mit den Händen über den Rücken des vor ihm sitzenden Kindes. Wenn das Kind eine Hand auf die Schulter des vor ihm sitzenden Kindes legt, setzt dieses das Spiel fort, indem es z. B. sagt: „Ich streichle einer Katze über den Kopf!“

So geht es immer weiter, bis das erste Kind wieder an der Reihe ist.

Variante ab 3 Jahren

Während die Spielleitung wie im obigen Spiel beschrieben ein paar Tiere aufzählt, streichelt jedes Kind das vor ihm sitzende Kind in der vorgegebenen Weise.

Liebevolle Tiereltern

Die Hälfte der Gruppe bildet einen Stuhlkreis. Die übrigen Kinder suchen sich jeweils ein Kind aus dem Stuhlkreis als Partnerkind aus und stellen sich direkt vor es in den Innenkreis. Sie machen zu der folgenden Streichelmassage, die die Spielleitung vorliest, die dazu passenden Bewegungen:

Unser lieber Papa Hase streichelt dem Kind die Nase!
Mit dem Zeigefinger sanft über die Nase streicheln.
Unsere liebe Mama Katze streichelt dem Kind eine Tatze!
Mit den Daumen kleine kreisende Bewegungen auf der anderen Handfläche machen und ausgehend vom Daumen sanft der Reihe nach die einzelnen Fingerspitzen ausstreichen.
Unsere liebe Mama Katze streichelt dem Kind die andere Tatze!
Wie vorhin, jedoch mit der anderen Hand.
Unser lieber Papa Bär umarmt das Kind umso mehr!
Am Ende das Partnerkind herzlich umarmen.

Variante ab 4 Jahren

Die Kinder holen sich jeweils eine Puppe, die sie vor sich auf den Schoß legen.

Sie führen passend zu dem Text, den die Spielleitung langsam vorliest, die Streichelmassage bei ihren Puppen durch.

Bei jeder Streichelmassage, die die Spielleitung langsam und deutlich vorliest, muss sie nach jedem Satz auch eine kurze Pause machen. Auf diese Weise können die Kinder die dazu passenden Bewegungen entweder bei sich selbst oder einem Partnerkind richtig ausführen, sodass alle von Anfang motiviert und voller Freude dabei sind.

Tiere streicheln
Alter: ab 5 Jahren

Liebevolle Tiereltern
Alter: ab 5 Jahren
Material: evtl. pro Kind 1 Puppe o. Ä.

Kleine Streichelhände

Hinter jedem Kind, das rittlings im Stuhlkreis sitzt mit der Lehne in Richtung Kreismitte, steht ein Partnerkind. Dieses führt auf dessen Rücken die folgende Streichelmassage durch, welche die Spielleitung vorliest:

Der Daumen fängt als Erster zu massieren an, dann ist der Zweite, Dritte, Vierte und Fünfte dran!
Erst mit dem Daumen und schließlich mit allen 5 Fingern den Rücken streicheln.
Die Hand bewegst du langsam im Kreis. Das machst du ganz ruhig und auch leis.
Mit der flachen Hand langsam über den Rücken streicheln.
Du streichelst sanft mit der Hand hoch und runter.
So wirst du ruhig, entspannt und bald munter!
Mit der flachen Hand den Rücken streicheln, jedoch nicht auf der Wirbelsäule.
Bist du wieder ganz fit, fröhlich und munter, ist die Welt um dich herum viel bunter!
Wie oben weitermachen. Am Ende die Hand ruhig auf dem Rücken ruhen lassen und das Kind sanft wecken.

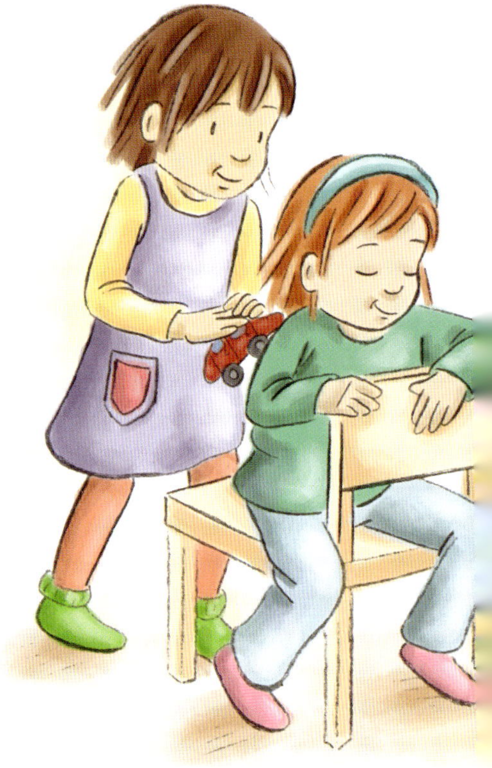

Variante ab 5 Jahren

Die Spielleitung schaltet Entspannungsmusik ein, die leise im Hintergrund erklingt. Dabei liest sie den Text vor, zu dem jedes Kind im Außenkreis die Streichelmassage auf dem Rücken des vor ihm sitzenden Kindes durchführt. Nach der Massage setzen sich alle in den Stuhlkreis, um die Entspannungsmusik bis zum Ende zu genießen. Wer will, schließt dabei die Augen.

Danach öffnen alle ihre Augen, bilden Fäuste, recken und strecken sich ausgiebig und stehen schließlich auf. Jeder tauscht mit seinem Partner den Platz und das Ganze beginnt von vorn.

Kleine Streichelhände
Alter: ab 4 Jahren
Material: Evtl. Entspannungsmusik (z. B. Nr. 1 „Den Tag begrüßen!" der CD „Kinderleichte Ruheerlebnisse" von Martin Buntrock)

Mein Lieblingsauto

Die Hälfte der Gruppe stellt die Stühle im Kreis so auf, dass die Stuhllehnen in Richtung Kreismitte zeigen. Die Kinder setzen sich rittlings auf ihre Stühle. Die übrigen Kinder holen sich jeweils ein Spielzeugauto und stellen sich hinter ein freies Kind im Stuhlkreis. Während die Spielleitung den Text vorliest, machen die Kinder im Außenkreis Folgendes:

Mein Spielzeugauto massiert nun dich!
Die Streichelmassage erfreut auch mich!
Mit dem Spielzeugauto auf dem Rücken herumfahren, jedoch nicht auf der Wirbelsäule.
Du fühlst dich wohl und freust dich.
Das wiederum erfreut auch mich!
Wie oben.
Fühlst du dich entspannt und gut, hast du wieder viel Kraft und Mut!
Das Spielzeugauto auf dem Rücken kurz ruhen lassen.
Mein Spielzeugauto nehme ich nun mit, denn jetzt bist du wieder munter und fit.
Das Spielzeugauto zur Seite legen. Alle bilden eine Faust, recken und strecken sich ausgiebig.

Mein Lieblingsauto
Alter: ab 5 Jahren
Material: für jedes zweite Kind 1 kleines Spielzeugauto

Variante ab 3 Jahren

Jedes Kind hat ein Spielzeugauto und massiert damit wie oben beschrieben die Körperteile, die die Spielleitung nun der Reihe nach benennt. Am Ende sagt sie Folgendes:

Fühlst du dich entspannt und gut, hast du auch wieder Kraft und Mut!
Das Spielzeugauto auf dem Körper kurz ruhen lassen.
Dein Spielzeugauto steckst du nun ein! Du fühlst dich entspannt! So soll es sein!
Die Kinder stecken nun ihr Spielzeugauto in die Hosentasche und beenden so die Streichelmassage.

Beruhigende Landschaft

Die Kinder sitzen rittlings hintereinander im Stuhlkreis und zwar so, dass sie den Rücken des vor ihnen sitzenden Kindes gut berühren können. Danach führen sie die Streichelmassage wie folgt aus:

Wir wandern hin und her. Die Landschaft gefällt uns sehr.
Mit dem Zeige- und Mittelfinger auf dem Rücken spazieren gehen.
Es geht den Berg hinunter, frisch, fröhlich und munter.
Mit dem Zeige- und Mittelfinger den Rücken hinunter spazieren.
Von Weitem können wir eine Parkbank sehen. Wir wollen in Richtung der Parkbank gehen.
Wie zu Beginn.
Wir setzen uns hin und ruhen uns aus.
Danach geht's vergnügt und munter nach Haus.
Mit der flachen Hand kreisförmig den Rücken streicheln. Danach mit dem Zeige- und Mittelfinger wieder auf dem Rücken spazieren gehen.

Variante

Alle Kinder sitzen im Stuhlkreis beisammen und massieren sich selbst, indem sie passend zu dem Text die Streichelmassage anstelle des Rückens auf ihrem Bauch durchführen.

Beruhigende Landschaft
Alter: ab 5 Jahren
Material: evtl. 1 Klangschale

Entspannte Igelwanderung

Alle Kinder ziehen ihre Schuhe und gegebenenfalls auch ihre Strümpfe aus und holen sich jeweils einen Igelball, den sie im Innenkreis auf den Boden legen. Zum Rhythmus der ruhigen Melodie bewegen sie ihre Igelbälle im Innenkreis herum. Begegnen sich 2 Kinder, tauschen sie ihre Igelbälle aus. So geht's immer weiter, bis die Musik beendet ist. Am Schluss rollt jedes Kind seinen Igelball unter einen freien Stuhl, auf den es sich setzt. Die Spielleitung spielt noch einmal leise die Entspannungsmusik ab. Wer möchte, schließt dabei seine Augen und lässt das Erlebte noch einmal Revue passieren.

Variante

2-3 Kinder rollen ihre Igelbälle mit einem Fuß im Takt zur Melodie zu jeweils einem Kind, das im Stuhlkreis sitzt. Sie tauschen mit den betreffenden Kindern ihre Plätze, die dann die Igelbälle auf die gleiche Art weiterreichen.

Das geht so lange, bis die Entspannungsmusik beendet ist. Am Ende verläuft alles so wie in der vorigen Version beschrieben.

Entspannte Igelwanderung
Alter: ab 5 Jahren
Material: pro Kind 1 Igelball; evtl. Entspannungsmusik (z. B. Nr. 3 „Im Wald und auf der Wiese" der CD „Kinderleichte Ruheerlebnisse" von Martin Buntrock); evtl. 2-3 Igelbälle

Klangvolle Waldtiere-Streichelmassage

Die Hälfte der Kinder bildet einen Stuhlkreis. Alle übrigen Kinder stellen sich hinter jeweils einem Kind im Stuhlkreis auf. Die Spielleitung stellt sich mit einer Handtrommel in die Kreismitte. Sie sagt und macht Folgendes:

Wenn wir in den Wald gehen, können wir Schnecken sehen.
Mit den Fingerspitzen auf der Trommel kreisförmig reiben. Passend dazu bewegen die Kinder ihre 5 Fingerspitzen kreisförmig auf dem Rücken ihrer Partnerkinder.
Wenn wir in den Wald gehen, können wir Hasen sehen.
Mit dem Zeige- und Mittelfinger auf die Trommel/den Rücken des Partnerkindes klopfen.
Wenn wir in den Wald gehen, können wir Käfer sehen.
Mit 4 Fingern (außer dem Daumen) auf der Trommel/dem Rücken des Partnerkindes spazieren gehen.
Wenn wir in den Wald gehen, können wir Igel sehen.

Klangvolle Waldtiere-Streichelmassage
Alter: ab 5 Jahren
Material: 1 Handtrommel; evtl. 1 Triangel

Die flache Hand kreisförmig auf der Trommel/dem Rücken des Partnerkindes bewegen.
So herrlich kann ein Waldspaziergang sein! Ich lade euch gerne wieder dazu ein.
Wie oben.

Variante ab 4 Jahren

Anstelle der Handtrommel verwendet die Spielleitung eine Triangel. Sie benennt nacheinander die Waldtiere. Dabei führen die Kinder auf dem Rücken ihrer Partnerkinder die ihrer Meinung nach dazu passende Streichelmassage durch. Nach jedem Tier lässt sie kurz die Triangel erklingen. Ist der Klang verklungen, benennt sie ein neues Tier.

Nach ein paar Mal wechseln die Kinder ihre Rollen und wiederholen die Streichelmassage.

Kreistänze und Klangspiele

Morgensonne

Alle Kinder setzen sich rittlings auf ihre Stühle und verschränken ihre Arme auf der Stuhllehne. Sie neigen sich mit dem Oberkörper nach vorn, lassen den Kopf auf den verschränkten Armen ruhen und schließen die Augen.

Die Spielleitung schaltet leise die Entspannungsmusik ein und geht langsam links im Innenkreis herum. Nach einer Weile bleibt sie stehen und streichelt einem beliebigen Kind sanft über die Schultern. Dieses öffnet daraufhin die Augen, steht auf und geht hinter der Spielleitung. Dann streichelt es demjenigen Kind über die Schultern, das links neben seinem freien Stuhl sitzt. So setzt sich das Spiel fort, bis alle Kinder sich hinter der Spielleitung versammelt haben. Danach setzt die Gruppe sich wieder in den Stuhlkreis und entspannt sich, bis die Musik beendet ist.

Variante ab 3 Jahren

Alle Kinder sitzen im Stuhlkreis und schließen ihre Augen. Die Spielleitung geht im Takt zur Melodie langsam im Uhrzeigersinn herum. Dabei bleibt sie hin und wieder stehen, um den Kindern über die Schultern zu streicheln. Die betreffenden Kinder öffnen ihre Augen. Das geht so lange, bis alle Kinder die Augen geöffnet haben und die Melodie beendet ist.

Klangvoller Wohlfühlkreis

Die Kinder sitzen im Stuhlkreis beisammen und legen einander die Arme um die Schultern, sodass ein geschlossener Kreis entsteht. Die Spielleitung legt die Klangschale auf ihre flache Handfläche und reibt gleichmäßig mit dem Klöppel am Schalenrand entlang. Wenn nichts mehr von dem Ton zu hören ist, weist die Spielleitung die Kinder an, ihre beiden Nachbarkinder z. B. an der Hand oder an die Schulter zu fassen oder ihnen die Hände auf deren Oberschenkel zu legen. Sind alle Kinder wieder miteinander im Kreis verbunden, bringt sie erneut die Klangschale zum Singen.

Auf diese Weise finden noch ein paar Durchgänge statt.

Variante ab 3 Jahren

Alle Kinder stehen vor ihren Stühlen im Kreis. Die Spielleitung bringt die Klangschale wie oben beschrieben zum Singen. Dabei gehen die Kinder so lange ganz langsam Hand in Hand links im Innenkreis herum, bis der Klang verklungen ist. Ist nichts mehr zu hören, setzen sie sich

Die Schwingungen der Klangschalen, die es in verschiedenen Größen gibt und entweder mit dem Klöppel angeschlagen oder gerieben werden, wirken äußerst beruhigend und entspannend zugleich. Die kleine Herzschale eignet sich besonders gut für Klangmassagen mit Vorschulkindern und hilft ihnen, im Einklang mit sich selbst zu sein.

Morgensonne
Alter: ab 5 Jahren
Material: Entspannungsmusik (z. B. Nr. 1 „Den Tag begrüßen" der CD „Kinderleichte Ruheerlebnisse" von Martin Buntrock)

Klangvoller Wohlfühlkreis
Alter: ab 5 Jahren
Material: 1 Klangschale

wieder in den Stuhlkreis, um von dort aus eine neue Spielrunde zu starten.

Nach 3-4 Runden endet ist das Spiel.

Klangrundgang

Die Spielleitung legt einem Kind eine Klangschale in die flache Handfläche und schlägt sie an. Nun geht das Kind, das links neben ihm sitzt, leise im Innenkreis herum. Wenn der Klang verklungen ist, bleibt es stehen und tauscht mit dem Kind neben ihm den Platz. Eine neue Runde beginnt, bei der ein anderes Kind die Klangschale auf die flachen Hände eines Kindes legt und anschlägt. Dabei geht es im Uhrzeigersinn im Innenkreis herum, bis der Klang verklungen ist.

Nach ein paar Durchgängen ist das Klangspiel beendet.

Variante ab 6 Jahren

2 Kinder, die im Kreis einander gegenübersitzen, legen jeweils eine Klangschale auf ihre flache Handfläche und schlagen sie an. Dabei gehen ihre beiden linken Nachbarkinder links im Innenkreis herum. Wenn der Klang verklungen ist, bleiben die beiden stehen, um mit dem Kind, das neben ihnen sitzt, die Plätze zu tauschen. Zwei neue Kinder, die einander im Kreis gegenübersitzen, erhalten je eine Klangschale. Eine neue Runde beginnt.

Schmetterlingstanz

Die Spielleitung stellt eine Vase mit einem Wiesenstrauß in die Kreismitte. Danach spielt sie leise die Entspannungsmusik ab.

Zum Rhythmus der Musik machen die Kinder von ihren Sitzplätzen aus mit ihren Armen Flügelbewegungen, als wären sie Schmetterlinge.

Die Spielleitung geht im Takt der Musik gemeinsam mit den Kindern in Richtung Kreismitte und bleibt schließlich vor der Blumenvase stehen. Miteinander betrachten nun alle Kinder ausgiebig die Blumen. Auf Anweisung der Spielleitung umkreisen sie Hand in Hand den Strauß. Sobald die Spielleitung stehen bleibt, gehen alle (ohne einander weiter an der Hand zu fassen) im Takt der Musik rückwärts auf den Ausgangsplatz zurück. Im Stuhlkreis betrachten alle den Wiesenstrauß weiterhin, bis die Musik beendet ist.

Variante ab 3 Jahren

Sowohl die Spielleitung als auch die Kinder machen mit ihren Armen Flügelbewegungen und gehen im Takt zur Musik hintereinander um

Klangrundgang
Alter: ab 5 Jahren
Material: 1 Klangschale; evtl. 2 Klangschalen

Schmetterlingstanz
Alter: ab 5 Jahren
Material: 1 Wiesenstrauß, 1 Blumenvase; Entspannungsmusik (z. B. Nr. 3 „Im Wald und auf der Wiese" der CD „Kinderleichte Ruheerlebnisse" von Martin Buntrock)

Ein liebevoll gestaltetes Mandala, ein farbenfroher Blumenstrauß, ein leuchtendes Nachtlicht oder dergleichen im Inneren des Kreises eignet sich für einen ruhigen, harmonischen Tanz. Damit die Kinder sich beim Tanzen gut entspannen können, müssen die Tanzschritte für alle leicht nachvollziehbar und einfach zu lernen sein.

die Blumenvase so lange links herum, bis die Spielleitung stehen bleibt und sich in den Stuhlkreis setzt. Die Kinder machen sofort mit und betrachten vom Platz aus den Blumenstrauß. Dabei genießen sie die wohltuende Entspannungsmusik.

Gemütliches Schlummerlicht

Die Hälfte der Gruppe bildet einen Stuhlkreis. Alle übrigen Kinder stellen sich Hand in Hand im Innenkreis auf, in dessen Mitte die Spielleitung das Nachtlicht anschaltet. Danach dunkelt sie den Raum etwas ab.

Während die Kinder im Stuhlkreis ein ruhiges Kinderlied (z. B. „Schlaf, Kindlein, schlaf") summen, geht die zweite Gruppe im Takt zur Melodie links um das Nachtlicht herum. Sobald die Kinder im Stuhlkreis verstummen, tauschen beide Gruppen ihre Rollen und wiederholen das Entspannungsangebot.

Variante ab 3 Jahren

Alle Kinder stehen Hand in Hand um das Nachtlicht herum. Während nun die Spielleitung ein ruhiges Kinderlied summt, gehen sie links im Kreis herum. Danach setzen sich alle in den Stuhlkreis, um das leuchtende Nachtlicht für einen Augenblick in aller Stille zu bewundern.

Gemütliches Schlummerlicht
Alter: ab 5 Jahren
Material: 1 LED-Nachtlicht o. Ä. (aus Kunststoff)

Klingende Sonnenstrahlen
Alter: ab 5 Jahren
Material: 1 Gymnastikreifen, pro Kind 1 Gymnastikstab; 1 Klangschale

Klingende Sonnenstrahlen

Die Spielleitung platziert in der Kreismitte einen Gymnastikreifen, um den die Kinder ihre Gymnastikstäbe wie Sonnenstrahlen anordnen.

Steht jedes Kind vor je einem Sonnenstrahl bzw. Stab, schlägt die im Reifen kniende Spielleitung die Klangschale auf dem Boden an. Wenn der Klang verklungen ist, gehen sie so lange links im Kreis herum, bis jeder vor einem neuen Stab steht.

Nach ein paar Durchgängen setzen die Kinder sich in den Stuhlkreis und betrachten die „Sonne" in der Kreismitte. Die Spielleitung schlägt noch ein paarmal die Klangschale an.

ist. Danach rutscht jedes Kind einen Platz nach links im Uhrzeigersinn weiter. Danach schließen alle wieder die Augen, um eine neue Spielrunde zu beginnen.

Das Spiel ist aus, sobald jeder wieder auf seinem ursprünglichen Platz im Stuhlkreis sitzt.

Klangpädagogische Angebote zum Entspannen tragen dazu bei, dass die Kinder schneller zur Ruhe zu kommen und so auch ihre akustische Aufmerksamkeit schulen. Im Elementarbereich haben sich hierfür besonders Klangschalen, Triangel & Co., aber auch Naturinstrumente wie z. B. Regenmacher und Ocean-Drums bewährt.

Variante

Die Kinder sitzen im Stuhlkreis eng beisammen und schließen die Augen. Nach einer Weile werden sie von den wohltuenden Sonnenstrahlen geweckt. Dazu lässt die Spielleitung wie oben beschrieben die Klangschale erklingen. Alle betrachten die „Sonne" in der Kreismitte, bis der Klang verklungen

Eine leise Melodie

Die Spielleitung summt leise eine Melodie zum Entspannen und Einschlafen (z. B. „Weißt du, wie viel Sternlein stehen"). Wer möchte, schließt dabei seine Augen.

Wenn die Kinder meinen, dass die Spielleitung aufgehört hat zu summen, heben sie die Hand. Werden wohl alle Kinder ihre Ohren spitzen und gut aufpassen?

Variante ab 5 Jahren

Während die Kinder ihre Augen schließen, geht die Spielleitung im Slalom um die Stühle herum und summt dabei leise eine Melodie zum Entspannen und Einschlafen. Sobald die Melodie beendet ist, bleibt sie stehen. Dasjenige Kind, das glaubt, dass die Spielleitung genau neben ihm steht, hebt die Hand. Zur Kontrolle öffnen alle die Augen, um zu überprüfen, ob sie richtig reagiert haben oder nicht.

Eine leise Melodie
Alter: ab 3 Jahren

Wohltuende Klänge
Alter: ab 5 Jahren
Material: 3-4 verschiedene Instrumente wie z. B. 1 Triangel, 1 Regenmacher, 1 Ocean-Drum und 1 Gong

Wohltuende Klänge

Die Spielleitung legt in die Kreismitte ein paar Instrumente, mit denen die Kinder wohltuende Klänge erzeugen können.

Ein beliebiges Kind schleicht sich in die Kreismitte, um ganz nach Belieben ein Instrument erklingen zu lassen. Wer möchte, kann dabei seine Augen schließen. Hebt die Spielleitung die Hand, wechselt es möglichst leise mit einem anderen Kind den Platz, das nun die Kreismitte betritt, um ein anderes Instrument zu spielen.

Das Klangspiel ist nach 3-4 Spielrunden beendet.

Lichterglanz auf den Stühlen

Die Spielleitung stellt einen Kreis aus Stühlen für jedes Kind und platziert darauf je ein Teelicht. Um diesen Stuhlkreis bilden die Kinder einen Kreis im Stehen. Die Spielleitung zündet die Teelichter nacheinander an und dunkelt den Raum etwas ab.

Dann lässt sie den Gong erklingen, worauf ein beliebiges Kind die Kreismitte betritt. Es pustet ein Licht aus und kniet sich vor den Stuhl hin. Danach ist das Kind, das links neben ihm steht, an der Reihe.

Das Spiel ist aus, sobald alle Kinder vor ihren Stühlen knien und somit wieder einen Kreis bilden.

Variante ab 4 Jahren

Die Kinder stellen sich im Innenkreis hintereinander vor den Stühlen mit den leuchtenden Teelichtern auf. Sie gehen so lange um die Stühle herum, bis die Spielleitung den Gong anschlägt. Jedes Kind pustet nun auf dem nächstgelegenen Stuhl das darauf platzierte Teelicht aus und kniet sich vor den Stuhl hin.

Variante ab 4 Jahren

Die Kinder gehen nacheinander möglichst leise in den Innenkreis und lassen jeweils ein Instrument erklingen. Alle übrigen Kinder, die gerade nicht an der Reihe sind, schließen ihre Augen. Erst wenn der Klang verklungen ist, öffnen sie diese wieder.

Lichterglanz auf den Stühlen
Alter: ab 5 Jahren
Material: pro Kind 1 Teelicht, 1 Stabfeuerzeug und 1 Windspiel

Sanfte Schaukelbewegungen
Alter: ab 5 Jahren
Material: 1 Klangschale

Sanfte Regengeräusche
Alter: ab 3 Jahren
Material: 1 Regenmacher und 1 Klangschale

Sanfte Schaukelbewegungen

Die Kinder sitzen einander in einem Innen- und Außenkreis paarweise gegenüber und drücken sanft beide Handinnenflächen gegen die des Partnerkindes. Die Spielleitung legt die Klangschale auf den Boden und schlägt sie an. Nun schaukeln alle Kinder behutsam mit dem Oberkörper hin und her, bis der Klang verklungen ist. Die Spielleitung schlägt erneut die Klangschale an, womit eine neue Schaukelrunde beginnt.

Nach 3-4 Durchgängen ist das Spiel beendet.

Variante ab 3 Jahren

Alle Kinder sitzen im Stuhlkreis beisammen und fassen sich an ihre Hüften. Sobald die Spielleitung wie oben beschrieben die Klangschale erklingen lässt, schaukeln sie sanft mit ihrem Oberkörper hin und her, bis der Klang verklungen ist.

Sanfte Regengeräusche

Die Spielleitung steht mit einem Regenmacher in der Kreismitte. Sie dreht das Instrument langsam um, sodass ein sanftes Regengeräusch entsteht. Die Kinder, die sich in ihrem „Haus" (d. h. im Stuhlkreis) befinden, stehen erst auf, sobald der Regen vorüber ist und die Sonne wieder scheint bzw. die Klangschale erklingt. Sie gehen nun so lange im Innenkreis herum, bis sich wieder ein Regenschauer ankündigt bzw. die Spielleitung mithilfe des Regenmachers ein sanftes Regengeräusch erzeugt.

Auf diese Weise finden noch ein paar Spielrunden statt.

Variante

Sobald die Klangschale erklingt, sucht sich jedes Kind einen Platz im Stuhlkreis aus, um es sich auf seinem „Liegestuhl" so richtig bequem zu machen und die wohltuenden Sonnenstrahlen bzw. den Klang der Klangschale zu genießen. Wenn der Regenmacher zu hören ist, stehen sie auf und veranstalten im Innenkreis einen frei erfundenen Regentanz.

Im Wald und auf der Wiese

Jedes Kind sucht sich ein Landschaftsbild aus, das es auf die Sitzfläche seines Stuhls platziert.

Zum Rhythmus der Musik tanzen alle Kinder einmal links um die einzelnen Stühle herum und betrachten dabei ausgiebig das Landschaftsbild, das sich vor ihnen auf dem Stuhl befindet. Sobald alle Kinder wieder auf ihrem ursprünglichen Platz angekommen sind, nimmt jeder sein Landschaftsbild in die Hand, setzt sich in den Stuhlkreis und betrachtet es so lange, bis die Musik beendet ist.

Variante ab 4 Jahren

Die Kinder stellen ihre Stühle so auf, dass die Stuhllehne in Richtung Kreismitte zeigt. Die Spielleitung klebt auf jede Stuhllehne ein Landschaftsbild auf.

Zum Rhythmus der Musik bewegen sich nun alle links im Außenkreis herum. Wann immer sie vor einem Stuhl stehen, betrachten sie kurz das Bild darauf.

Das geht so immer weiter, bis die Musik beendet ist.

Im Wald und auf der Wiese
Alter: ab 5 Jahren
Material: pro Kind 1 Kalenderblatt/Poster o. Ä., auf dem ein Wald oder eine Wiese abgebildet ist; Entspannungsmusik (z. B. Nr. 3 „Im Wald und auf der Wiese" der CD „Kinderleichte Ruheerlebnisse" von Martin Buntrock); evtl. doppelseitiges Klebeband

Mandalas und Kreativangebote

Im Kinderatelier

Die Spielleitung teilt die Pinsel aus. Die Kinder tun so, als würden sie vor einer Staffelei sitzen. Sobald jeder einen Pinsel hat, spielt die Spielleitung leise die Entspannungsmusik ab.

Zum Rhythmus der Musik malt die Spielleitung mit dem Pinsel z. B. Kreise, Wellenlinien oder Spiralen in die Luft. Die Kinder machen sofort alles nach.

Das geht so lange, bis die Musik beendet ist.

Variante ab 5 Jahren

Ein Kind malt mit seinem Pinsel im Takt der Musik in der Luft. Alle übrigen ahmen es nach, bis die Spielleitung die Triangel anschlägt und auf ein anderes Kind deutet, das nun das Spiel auf die gleiche Art fortsetzt.

So geht es immer weiter, bis die Musik beendet ist.

Schmucksteinbilder

Die Kinder stellen ihre Stühle im Kreis so auf, dass die Stuhllehnen in Richtung Kreismitte zeigen. Sie knien sich im Außenkreis vor ihre Stühle. Jedes Kind erhält nun von der Spielleitung eine Handvoll Dekoschmucksteine, mit denen es die Sitzfläche nach Belieben dekoriert. Schlägt die Spielleitung die Klangschale an, hören alle auf zu dekorieren und betrachten einen Augenblick still ihre eigenen Schmucksteinbilder. Dann gehen sie Hand in Hand links im Kreis herum und bewundern die Bilder der anderen. Wenn die Klangschale ertönt, bleiben sie stehen, bis der Klang verklungen ist. Schlägt die Spielleitung die Klangschale mehrmals kurz hintereinander an, ist das Spiel beendet.

Variante

Die Kinder gehen der Reihe nach in die Kreismitte, um gemeinsam ein großes Schmucksteinbild zu legen. Ist das Bild fertiggestellt, gehen alle links im Innenkreis herum. Schlägt die Spielleitung die Klangschale an, bleiben sie stehen, um das Gesamtbild auf sich wirken zu lassen. Dabei können sie hin und wieder ihre Augen schließen, um zu prüfen, ob sie das Schmucksteinbild vor ihrem inneren Auge sehen können. Erklingt erneut die Klangschale, ist das Spiel beendet.

Beim Entspannen durch Malen und Gestalten geht es in erster Linie darum, dass die Kinder Freude am Kreativsein und den damit verbundenen Ruheerlebnisse entwickeln. Auf diese Weise lassen sich besonders gut Fantasie, Einfallsreichtum, Konzentration und Wahrnehmung schulen.

Im Kinderatelier
Alter: ab 3 Jahren
Material: pro Kind 1 Borstenpinsel; evtl. 1 Triangel; Entspannungsmusik (z. B. Nr. 6 „Phantasie" der CD „Kinderleichte Ruheerlebnisse" von Martin Buntrock)

Schmucksteinbilder
Alter: ab 5 Jahren
Material: pro Kind eine Handvoll Dekoschmucksteine (z. B. Blumen, Kreise, Herzen und Vierecke); 1 Klangschale

Entspannungsbild auf dem Rücken

Die Spielleitung klebt jedem zweiten Kind ein Malpapier auf den Rücken. Während diese sich nun in den Stuhlkreis setzen, holen sich die übrigen je einen Wachsmalstift und stellen sich direkt hinter einem freien Kind auf, das eine Staffelei spielt.

Die Spielleitung stellt eine Klangschale auf die flache Handfläche und schlägt sie in der Kreismitte an. Die Kinder malen einen Kreis auf den Rücken ihres Partnerkindes, bis der Klang verklungen ist. Dann gehen sie im Uhrzeigersinn einen Platz weiter. Die Klangschale ertönt erneut und das Spiel wird auf die gleiche Art fortgesetzt.

Wenn alle Kinder im Außenkreis wieder auf ihrem ursprünglichen Platz stehen, wechseln sie ihre Rollen und wiederholen das Spiel.

Variante

Die Kinder im Außenkreis holen sich ein paar Wachsmalstifte und malen nach Belieben Kreise, Wellenlinien etc. auf den Rücken ihres Partnerkindes. Wenn die Spielleitung wie oben beschrieben die Klangschale mehrmals anschlägt, schenken sie ihr Bild ihrem Partner, tauschen die Rollen und wiederholen das Ganze.

Entspannungsbild auf dem Rücken
Alter: ab 5 Jahren
Material: pro Kind 1 weißes DIN-A3-Blatt; Wachsmalstifte, Klebeband, 1 Klangschale oder Triangel

Strandbild(er)
Alter: ab 6 Jahren
Material: 1 Triangel; 1 Papier- oder weiße Tapetenrolle, Schere, doppelseitiges Klebeband, Wachsmalstifte; evtl. 1 großes Kalenderblatt, auf dem ein Strand abgebildet ist; alte Zeitungen, 1 Schwamm; pro Kind 1 Borstenpinsel und 1 Malkittel, Wasserfarben

Strandbild(er)

Die Spielleitung überlegt sich passend zum Strandbild einen Begriff (z.B. Palmen, Meer, Sandstrand oder Muscheln). Die Kinder schließen die Augen und stellen sich das, was die Spielleitung ihnen leise mitteilt, möglichst genau vor: Was gibt es dabei zu sehen, zu hören, zu riechen und wie fühlt es

sich an? Nach einiger Zeit teilt die Spielleitung den Kindern einen neuen Begriff mit. Nach 4-5 Begriffen schlägt sie die Triangel an und die Kinder öffnen wieder ihre Augen. Nun schneidet die Spielleitung ein großes Stück von der Papierrolle ab und befestigt es mit Klebeband im Innenkreis auf dem Boden. Die Kinder verteilen sich um das Papier und malen abschließend ein gemeinsames Strandbild.

Variante

Die Spielleitung geht langsam im Kreis herum und zeigt den Kindern ein großes Strandbild. Im Innenkreis breitet sie auf dem Boden die Zeitungen als Unterlage aus, schneidet ein Stück von der Papierrolle ab und legt es auf die Zeitungen. Die Kinder ziehen Malkittel an, befeuchten die Papierrolle mit einem nassen Schwamm und wählen Wasserfarben aus, die nach ihrer Meinung besonders gut zu einem Strandbild passen. Die Nass-in-nass-Technik ist thematisch besonders passend und beeindruckend für die Kinder, da die wässrigen Farben auf dem feuchten Papier zerfließen und interessante Farbeffekte entstehen.

Gestaltungsmaterialien wie Chiffontüchern, Märchen- und Filzwolle, die sich angenehm anfühlen, beflügeln die Fantasie ganz besonders und bieten sich hervorragend für Entspannungsangebote an. Sie tragen dazu bei, dass die Kinder sich intensiv auf eine Sache einlassen, kreativ werden und dabei zur Ruhe kommen.

Mandala-Sitztuch

Die Spielleitung zeichnet rasch auf jedem Stück Stoff den Tellerumriss ab.

Jedes Kind legt ein Stück Stoff mit dem Kreisumriss auf seinen Stuhl im Sitzkreis, kniet sich davor und malt den Kreis entweder von innen nach außen oder von außen nach innen an. Wenn jeder ein farbenfrohes Mandala vor sich liegen hat, gehen die Kinder langsam links im Innenkreis herum und bleiben kurz vor jedem einzelnen Mandala stehen, um es ausgiebig zu betrachten.

Mandala-Sitztuch
Alter: ab 5 Jahren
Material: pro Kind 1 Stück (ca. 30 x 30 cm) weißer oder cremefarbener Leinenstoff; 1 Bleistift, Stoffmalfarben, 1 runder Suppenteller, 1 Triangel; viele kleine Dekoschmucksteine (z. B. Blumen, Kreise, Herze und Vierecke)

Wenn alle Kinder wieder vor ihren Plätzen stehen, legen sie ihr Mandala unter ihren Stuhl auf den Boden und setzen sich hin. Wer möchte, schließt seine Augen, um zu überprüfen, ob er das Mandala vor seinem inneren Auge sehen kann.

Zum Schluss lässt die Spielleitung die Triangel erklingen.

Variante

Die Spielleitung legt unter jeden Stuhl eine Handvoll Dekoschmucksteine. Damit legen die Kinder ein Mandala. Ansonsten verläuft alles so wie in der vorigen Variante beschrieben.

Fantasievoll modellieren

Die Spielleitung stellt die umgedrehte Sanduhr in die Kreismitte auf den Boden. Die Kinder tun nun so, als ob sie in aller Ruhe etwas aus feuchtem Sand modellieren würden. Sobald der Sand durchgelaufen ist, beschreiben sie der Reihe nach ihre imaginären Sandskulpturen.

Variante ab 5 Jahren

Das Spiel verläuft wie oben beschrieben, jedoch bekommt jedes Kind ein Stück Softknete, das es nach Herzenslust so lange in den Händen formt, bis der Sand durchgelaufen ist. Danach stellt jeder sein Kunstwerk der Reihe nach vor.

Fantasievoll modellieren
Alter: ab 6 Jahren
Material: 1 Sanduhr (Laufzeit 1 Minute); evtl. pro Kind 1 Handvoll Softknete bzw. besonders weiche und geschmeidige Knetmasse

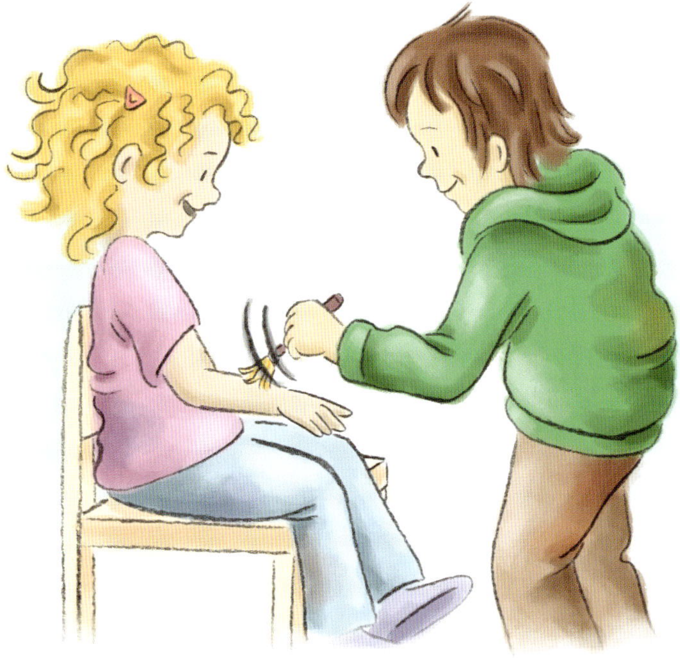

Entspannende Körpermalerei

Die Hälfte der Gruppe sitzt im Stuhlkreis beisammen. Alle übrigen Kinder holen sich jeweils einen Borstenpinsel und stellen sich direkt vor einem sitzenden Kind im Innenkreis auf.

Auf ein Signal der Spielleitung hin bemalen nun alle Kinder im Innenkreis ihre Partnerkinder, jedoch ohne Farbe. Um die Pinselmassage noch mehr zu genießen, können die Massierten die Augen schließen. Zum Beenden der Massage schlägt die Spielleitung die Triangel an. Die Kinder lassen ihre Pinsel nun auf dem Körper ihrer Partner ruhen, bis der Ton verklungen ist. Danach tauschen alle Kinder die Plätze mit ihren Partnern und wiederholen das Spiel.

Variante

Die Kinder ziehen ihre Schuhe und Strümpfe aus und schieben ggf. ihre Pulloverärmel nach oben. Im Gegensatz zu voriger Variante verwenden die Malerkinder nun wasserlösliche Schminkfarbe, mit der sie z. B. Oberarme, Hände oder Füße ihrer Partnerkinder ganz langsam und intensiv bemalen. Wer möchte, schließt im Stuhlkreis seine Augen. Danach findet ein Rollenwechsel statt.

Kuschelfiguren

Jedes Kind erhält von der Spielleitung einen superweichen Biegeplüsch möglichst in einer bestimmten Farbe. Die Spielleitung schaltet leise die Entspannungsmusik ein, zu deren Rhythmus die Kinder nun so lange ihren Draht formen, bis das Musikstück beendet ist. Wer möchte, kann dabei die Augen schließen und sich so auf das Tastspiel ganz intensiv einlassen.

Variante

Die Spielleitung schlägt die Klangschale an. Jedes Kind formt so lange den Draht in seinen Händen, bis der Klang verklungen ist. Die Kinder geben ihren Plüschdraht einen Platz nach links weiter, um das Spiel auf die gleiche Art weiterzuführen. Das Spiel ist beendet, sobald alle Kinder ihren Plüschdraht vom Anfang wieder in den Händen halten.

Entspannende Körpermalerei
Alter: ab 5 Jahren
Material: für die Hälfte der Gruppe jeweils 1 flacher Borstenpinsel; evtl. für die Hälfte der Kinder jeweils 1 Schminkpinsel, 1 Glas Wasser und wasserlösliche Schminkfarbe

---

Kuschelfiguren
Alter: ab 5 Jahren
Material: pro Kind 1 Pfeifenputzer bzw. Chenilledraht (ca. 50 cm lang); Entspannungsmusik (z. B. Nr. 2 „Eintauchen in eine andere Welt“ der CD „Kinderleichte Ruheerlebnisse“ von Martin Buntrock); evtl. 1 Klangschale

Beruhigend und schön

Die Spielleitung breitet in der Kreismitte die Chiffontücher aus, die sich zum Teil überlappen. Daneben stellt sie einen Korb, gefüllt mit kleinen Kostbarkeiten.

Ein beliebiges Kind geht in die Kreismitte. Sobald die Triangel erklingt, holt es sich was Schönes aus dem Korb und legt es auf die Tücher. Ist der Ton verklungen, tauscht es mit einem anderen Kind, das im Stuhlkreis sitzt, den Platz und kniet sich vor seinen Stuhl.

Wenn alle Kinder vor ihren Stühlen knien und etwas auf die Tücher gelegt haben, schließen sie, falls sie möchten, hin und wieder ihre Augen, um auszuprobieren, ob sie die edel gestaltete Kreismitte noch vor ihrem inneren Auge sehen können.

Variante ab 3 Jahren

Die Kinder knien um die Tücher herum. Die Spielleitung geht von Kind zu Kind, damit jedes sich etwas aus dem Korb nehmen und auf die Tücher legen kann. Dann schlägt sie die Triangel an. Ist der Ton verklungen, krabbeln alle Kinder links um die schön gestaltete Mitte herum. Sobald erneut die Triangel erklingt, bleiben alle sitzen, um sich wieder ganz bewusst auf ihr Kunstwerk in der Kreismitte einlassen zu können.

Nach 3-4 Runden ist Schluss.

Beruhigend und schön
Alter: ab 5 Jahren
Material: Chiffontücher in warmen Farben (z. B. in Gelb, Orange und Rot); 1 Korb, gefüllt mit kleinen Kostbarkeiten (Märchen- und Filzwolle, Edelsteine, Zapfen und Glöckchen etc.); 1 Triangel

Baumringe-Mandala

Die Spielleitung zeichnet auf jede Papiermitte den ersten Baumring bzw. einen kleinen schwarzen Kreis auf. Jedes Kind kniet sich im Innenkreis vor seinen Stuhl und legt das Blatt Papier auf den Stuhlsitz. Dann holt sich jeder einen Wachsmalstift in der Lieblingsfarbe.

Die Kinder malen den ersten Ring um den schwarzen Kreis herum. Erklingt die Triangel, rutschen alle einen Platz nach links im Kreis herum und malen mit ihren Wachsmalstiften um den ersten Ring einen weiteren herum.

Auf diese Weise wird das Spiel fortgesetzt, bis jeder wieder vor seinem Platz kniet. Zum Schluss lässt jedes Kind sein Mandala für einen Augenblick intensiv auf sich wirken.

Variante

Spielen nicht mehr als 7 Kinder mit, kann die Spielleitung das Blatt Papier in die Kreismitte legen und den ersten Ring malen. Die Kinder malen dann der Reihe nach einen Ring um einen bereits gemalten herum. Danach gehen alle Kinder langsam links um das Mandala herum, um es ausgiebig zu betrachten. Sie bleiben hin und wieder stehen, um es aus verschiedenen Perspektiven ganz bewusst zu betrachten.

Eine angenehme Atmosphäre zum Stillwerden und Entspannen entsteht durch eine ansprechend gestaltete Kreismitte. Dafür bieten sich z. B. Mandalas, schön angeordnete Tücher oder dicke Kerzen an. Diese Materialien können im Übrigen nicht nur für Entspannungsangebote im Stuhlkreis genutzt werden.

Baumringe-Mandala
Alter: ab 5 Jahren
Material: pro Kind 1 weißes DIN-A4-Blatt und 1 Wachsmalstift; 1 runder Suppenteller, 1 schwarzer dicker Filzstift

Mandala im Lichterglanz

Die Spielleitung legt unter jeden Stuhl jeweils 4 Sachen, die sich von den anderen unter den Stühlen nicht unterscheiden. In die Kreismitte stellt sie eine dicke Kerze.

Die Kinder gehen im Innenkreis links herum. Die Spielleitung schlägt die Klangschale an und legt sie zum Ausklingen auf einen der Stühle. Ist der Ton verklungen, bleiben alle Kinder stehen. Das Kind, das sich direkt neben der Klangschale befindet, darf nun etwas Schönes unter dem Stuhl, auf dem die Klangschale steht, hervorholen und die kleine Kostbarkeit neben die Kerze legen. Danach blinzelt es einem anderen Kind zu, das nun das Gleiche unter seinem Stuhl hervorholen und dazulegen darf.

Wenn alle Kinder die gleichen Sachen ringförmig um die Kerze angeordnet haben, schlägt das Kind wieder die Klangschale an und der zweite Ring wird gestaltet. So geht es weiter, bis das Mandala fertiggestellt ist.

Die Spielleitung entzündet die Kerze und dunkelt den Raum etwas ab. Die Kinder machen es sich auf ihren Stühlen bequem und betrachten in aller Ruhe das Mandala.

Mandala im Lichterglanz
Alter: ab 6 Jahren
Material: 1 dicke Kerze, 1 Stabfeuerzeug, für jedes Kind die gleichen 4 Sachen aus dem Sinnesraum (z. B. 1 Igelball, 1 Chiffontuch, 1 Minikreisel und 1 Kissen); evtl. pro Kind 1 Teelicht

Variante ab 3 Jahren

Die Spielleitung überrascht die Kinder mit einem Mandala, das sie wie oben beschrieben in der Kreismitte auslegt. Sie teilt Teelichter aus.

Die Kinder legen der Reihe nach ihre Teelichter um das Mandala herum. Die Spielleitung zündet sie nacheinander an und dunkelt den Raum etwas ab, sodass die Teelichter besonders gut zur Geltung kommen. Während sie leise die Melodie des berühmten Abendlieds „Der Mond ist aufgegangen" summt, betrachten die Kinder in aller Ruhe das Mandala im Lichterglanz.

Wunderbare Duftkerze

Die Spielleitung dunkelt den Raum etwas ab und holt sich eine Duftkerze.

Während die Kinder ihre Augen schließen, beschreibt sie die Kerze und deren Duft, an der sie immer wieder riecht. Danach stellt sie die Kerze in die Kreismitte und zündet sie an, sodass sich der Duft optimal entfalten kann.

Auf Anweisung der Spielleitung hin öffnen nun alle ihre Augen. Miteinander erfreuen sie sich am warmen Kerzenlicht und genießen für einen Augenblick die schöne Atmosphäre.

Variante ab 4 Jahren

Die Spielleitung gibt die Duftkerze im Stuhlkreis weiter, damit die Kinder sie intensiv auf sich wirken lassen können (sehen, fühlen, riechen). Sobald die Spielleitung das Feuerzeug kurz anmacht, wird die Kerze im Kreis einen Platz nach links weitergereicht. Wenn jedes Kind die Duftkerze in Händen gehalten hat, stellt die Spielleitung sie in die Kreismitte und zündet sie an. Wer mag, kann ab und zu die Augen schließen und ausprobieren, ob er die leuchtende Kerze vor seinem inneren Auge sehen kann.

Wunderbare Duftkerze
Alter: ab 6 Jahren
Material: 1 dicke Duftkerze (z. B. Vanille- oder Lavendelduft), 1 Feuerzeug

Eltern-Kind-Kreis

Kuscheln und entspannen

Die Erwachsenen sitzen im Stuhlkreis. Die Kinder verstecken sich unter den Stühlen.

Die Spielleitung startet das Spiel und sagt:

Alle kleinen Mäuse kommen sofort heraus und ruhen sich auf dem Schoß ihrer Eltern aus.

Während die Kinder sich auf den Schoß ihrer Eltern setzen, schaltet die Spielleitung die Entspannungsmusik ein, die leise im Hintergrund erklingt. Die Eltern umarmen ihre Kinder und schaukeln mit dem Oberkörper im Takt hin und her, bis die Musik endet.

Variante ab 4 Jahren

Die Kinder krabbeln auf allen Vieren im Innenkreis herum, bis die Spielleitung zu den einzelnen Kindern leise sagt:

[Vorname des Kindes], krabble rasch nach Haus und ruh dich auf dem Schoß von Mama/Papa aus!

Sitzen alle Kinder auf dem Schoß der Erwachsenen, verläuft alles so wie oben beschrieben.

Schön, dass es dich gibt!

Die Kinder setzen sich rittlings auf ihre Stühle. Die Stuhllehne weist jeweils in die Kreismitte. Je ein Erwachsener stellt sich hinter einem Kind auf und macht zu dem Text, den die Spielleitung langsam und deutlich vorliest, die dazu passenden Bewegungen:

So sehr liebe ich nur dich, du bist so wichtig für mich!
Mit dem Zeigefinger ein Herz auf den Rücken zeichnen. Dann mit der Hand den Rücken streicheln.
Du, mein Schatz, bist meine Welt, viel wichtiger als alles Geld!
Mit der flachen Hand kreisförmig über den Rücken streicheln.
Schön, dass wir uns beide haben. Das wollt ich dir schon lange sagen!
Über den Kopf streicheln und dann dem Kind ins Ohr „Ich liebe dich!" flüstern.

Variante ab 5 Jahren

Die Kinder holen sich jeweils einen flachen Borstenpinsel und tauschen mit ihren Eltern die Rollen. Sie führen statt mit Fingern und Händen nun eine Pinselmassage durch.

Entspannungsangebote, die für Kinder und Eltern gedacht sind, bieten wohltuende Erfahrungen und Erlebnisse, die das Eltern-Kind-Verhältnis stärken und sich insgesamt positiv auf das soziale Miteinander in der Einrichtung auswirken.

Kuscheln und entspannen
Alter: ab 3 Jahren
Material: Entspannungsmusik (z. B. Nr. 9 „Schön warm" der CD „Kinder kommen zur Ruhe" von Volker Friebel und Ralf Kiwit)

Schön, dass es dich gibt!
Alter: ab 3 Jahren
Material: evtl. pro Kind 1 flacher Borstenpinsel

Die Igelfamilie

Die Kinder sitzen im Stuhlkreis beisammen. Die Erwachsenen holen sich Igelbälle und stellen sich hinter je einem Kind auf. Während die Spielleitung den Text vorliest, macht jeder Erwachsene mithilfe des Igelballs die dazu passenden Bewegungen:

Ein Igel wandert hin und her. Das fällt dem Igel gar nicht schwer.
Mit dem Igelball den Rücken massieren, die Wirbelsäule sollte dabei jedoch ausgespart werden.

Er sucht was Leckeres für den Magen. Im Wald kann er viel davon haben.
Wie oben.
Satt und munter geht er nach Haus und ruht sich bei seiner Mama aus.
Kreisförmig den Igelball auf dem Rücken bewegen und schließlich das Kind umarmen.

Hinweis: Falls Väter mitmachen, werden die beiden letzte Sätze wiederholt und beim zweiten Mal heißt es dann „bei seinem Papa“.

Die Igelfamilie
Alter: ab 5 Jahren
Material: pro Kind und Erwachsener 1 Igelball; evtl. pro Erwachsener 1 Kissen

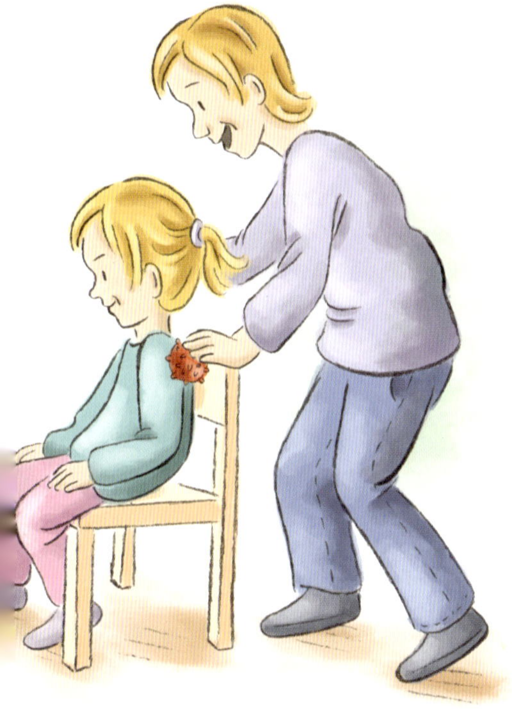

Ein Wohlfühlbild für dich

Die Kinder sitzen im Stuhlkreis beisammen. Die Erwachsenen sitzen jeweils hinter einem Kind und erhalten von der Spielleitung flache Borstenpinsel, mit denen sie passend zum folgenden Text ein Bild auf die Rücken ihrer Kinder malen:

Ich male ein schönes Bild für dich. Es ist ein Geschenk für dich.
Mit dem Pinsel den Rücken berühren.
Kreise werde ich nun malen, aber auch ein paar Zahlen.
Auf dem Rücken erst Kreise malen und dann ein paar Zahlen schreiben.
Wellenlinien zeichne ich fein. So schön sollen beide Schultern sein.
Auf die Schultern Wellenlinien zeichnen.
Ein Herz male ich obendrein. Du sollst stets sehr fröhlich sein!
Am Schluss noch ein Herz auf dem Rücken malen.

Variante

Die Erwachsenen und Kinder tauschen die Rollen. Die Erwachsenen sitzen rittlings auf ihren Stühlen mit den Lehnen Richtung Kreismitte. Das Spiel verläuft wie oben beschrieben.

Variante

Die Eltern sitzen auf Kissen vor den Kindern im Stuhlkreis. Die Kinder erhalten von der Spielleitung je einen Igelball. Die Igelballmassage wird wie oben beschrieben durchgeführt. Am Ende sagt die Spielleitung:

Satt und munter geht der Igel nach Haus und ruht sich bei seinen Kindern aus!

Mithilfe von Streichelmassagen können Kinder und deren Eltern sich gegenseitig etwas Gutes tun und dabei so ganz nebenbei den anderen auch wertschätzen lernen. Besonders schön ist es, wenn das Wir-Gefühl auch durch einen entsprechenden Text, den die Spielleitung während der Streichelmassage vorliest, untermauert wird.

Ein Wohlfühlbild für dich
Alter: ab 5 Jahren
Material: 1 flacher Borstenpinsel

Familienausflug

Die Erwachsenen sitzen in zweiter Reihe hinter jeweils einem Kind im Stuhlkreis. Sie erhalten von der Spielleitung je ein Spielzeugauto und machen Folgendes:

Zusammen wollen wir einen Ausflug machen. In den Kofferraum packen wir leckere Sachen.
Mit dem Spielzeugauto den Rücken des Kindes berühren.
Wir fahren zu einem erholsamen Ort. Wir fahren gemütlich und sind auch bald dort.
Mit dem Spielzeugauto hin- und herfahren, jedoch nicht auf der Wirbelsäule.
Wir steigen vergnügt aus dem Auto aus und ruhen uns auf einer Wiese aus.
Mit der anderen Hand kreisförmige Bewegungen auf dem Rücken machen.
So ein Ausflug macht wirklich viel Freude. Wir werden es öfters machen wie heute.
Wie oben.
Entspannt steigen wir wieder ins Auto ein. Erholt und vergnügt fahren wir heim.
Mit dem Spielzeugauto so lange auf dem Rücken hin- und herfahren, bis die Triangel erklingt.

Familienausflug
Alter: ab 3 Jahren
Material: pro Kind und Erwachsener 1 Spielzeugauto; 1 Triangel

Variante

Die Erwachsenen sitzen rittlings auf ihren Stühlen im Kreis beisammen. Die Lehnen weisen Richtung Kreismitte. Die Kinder holen sich jeweils ein Spielzeugauto, mit dem sie auf deren Rücken (jedoch nicht auf der Wirbelsäule) herumfahren, bis die Spielleitung sagt:

Wir parken jetzt und steigen aus und ruhen uns auf der Wiese aus.
Das Spielzeugauto zur Seite legen und mit der flachen Hand kreisförmige Bewegungen auf dem Rücken machen.
Unsere Eltern lassen das Auto stehen, denn wir wollen zu Fuß nach Hause gehen.
Mit dem Zeige- und Mittelfinger auf dem Rücken so lange spazieren gehen, bis die Triangel erklingt.

Fürsorgliche Tiereltern

Die Kinder sitzen im Stuhlkreis beisammen. Jeder Erwachsener stellt sich hinter ein Kind und macht die passenden Bewegungen zu dem Text, den die Spielleitung vorliest:

Im Frühling, Sommer, Herbst und Winter kümmert die Schnecke sich um ihre Kinder.
Erst eine Hand kreisförmig auf dem Rücken bewegen, dann die zweite Hand dazu nehmen.
Im Frühling, Sommer, Herbst und Winter kümmert der Hase sich um seine Kinder.
Erst mit Zeige- und Mittelfingeringern, dann mit allen 10 Fingern auf dem Rücken spazieren gehen.
Im Frühling, Sommer, Herbst und Winter kümmert das Pferd sich um seine Kinder.
Erst mit 4 Fingern außer dem Daumen und dann mit allen 10 Fingern auf dem Rücken spazieren gehen.
Auch ich kümmere mich immer um dich. Geht es dir gut, dann freue ich mich!
Mit dem Zeigefinger ein Herz auf dem Rücken aufmalen.

Fürsorgliche Tiereltern
Alter: ab 3 Jahren

Variante ab 4 Jahren

Die Eltern tauschen mit ihren Kindern den Platz. Während nun die Spielleitung z. B. „Das Pferd liebt sein Fohlen." und dann „Die Kuh liebt sein Kalb." oder „Die Ente liebt sein Küken." sagt, streicheln die Kinder unaufhörlich über den Rücken ihrer Eltern. Zuletzt sagt die Spielleitung:

Du machst auch sehr viel für mich. Mama/Papa, dafür liebe ich dich!
Am Ende mit dem Zeigefinger ein großes Herz auf dem Rücken zeichnen.

Eltern-Kind-Mandala

Je ein Erwachsener sitzt direkt neben einem Kind im Stuhlkreis. Die Spielleitung stellt die Kerze in die Kreismitte und teilt die Gegenstände aus, die alle sofort unter ihren Stühlen platzieren.

Auf ein Zeichen der Spielleitung hin legt ein Erwachsener z. B. eine Muschel um die Kerze herum. Die übrigen Erwachsenen legen nacheinander ebenfalls je eine Muschel um die Kerze herum. Ist der erste Ring fertiggestellt, sind die Kinder

Eltern-Kind-Mandala
Alter: ab 5 Jahren
Material: 1 dicke Kerze, 1 Stabfeuerzeug, verschiedene Gegenstände in mehrfacher Ausführung für alle Erwachsenen (z. B. Muscheln, Igelbälle und Halbedelsteine); verschiedene Gegenstände in mehrfacher Ausführung für alle Kinder (z. B. Igelringe, Mini-Kreisel und Tennisbälle)

an der Reihe: Sie setzten das Spiel auf die gleiche Art fort und gestalten den zweiten Ring mit anderen Gegenständen.

So geht es weiter, bis 6 Ringe um die Kerze herumgelegt wurden. Die Spielleitung entzündet die Kerze und dunkelt den Raum etwas ab. Die Gruppe summt die Melodie eines bekannten ruhigen Kinderlieds (z. B. „Guten Abend, gute Nacht!"). Wer mag, schließt dabei hin und wieder kurz die Augen, um auszuprobieren, ob er das Mandala vor seinem inneren Auge sehen kann.

Variante ab 3 Jahren

Je ein Erwachsener geht mit einem Kind gemeinsam in die Kreismitte, um einen schönen Gegenstand um die Kerze herum zu platzieren. Dabei werden für jeden Ring die gleichen Gegenstände verwendet. Am Ende setzen die Kinder sich auf den Schoß der Erwachsenen und summen die Melodie eines bekannten Kinderlieds. Dabei lassen sie das vor ihnen liegende Mandala auf sich wirken.

Streichellied

Alle Kinder sitzen im Stuhlkreis beisammen. Die Erwachsenen stellen sich hinter je ein Kind und singen zur altbekannten Melodie „Alle meine Entchen" folgenden Text, zu dem sie auch die dazu passenden Bewegungen machen:

Alle meine Hände streicheln hier im Kreis, streicheln hier im Kreis!
Mit den flachen Händen kreisförmig über den Rücken streicheln.
Alle meine Hände massieren dich so leis!
Mit den Händen ganz nach Belieben die beiden Schultern, den Rücken etc. streicheln.

Die Erwachsenen wiederholen noch ein paarmal die Zeilen, bevor die Spielleitung schließlich sagt:

Alle Kinder fühlen sich nun gut.
Alle Kinder haben Kraft und Mut.

Die Kinder bilden Fäuste, recken und strecken sich ausgiebig.

Variante

Die Eltern tauschen mit ihren Kindern die Rolle. Während nun die Spielleitung die Melodie summt, streicheln die Kinder den Rücken der Erwachsenen mit den Händen. Am Ende sagt die Spielleitung dann:

Alle Erwachsenen fühlen sich nun gut.
Alle Erwachsenen haben Kraft und Mut.

Bei Entspannungsangeboten, die sich an Kinder und deren Eltern richten, geht es in erster Linie darum, sich in aller Ruhe aufeinander einzulassen und miteinander zu entspannen. Die gemeinsamen Ruheerlebnisse verbinden und machen mehr als stark.

Streichellied
Alter: ab 3 Jahren

Kuscheln tut gut

Alle Kinder krabbeln auf allen Vieren im Innenkreis so lange hin und her, bis die Erwachsenen auf ein Zeichen der Spielleitung hin sagen:

Beweg dich schnell wie der Wind.
Komm zu mir, liebes Kind!

Jedes Kind läuft nun so schnell wie möglich zu einem Erwachsenen, der es auf den Schoß nimmt. Der Erwachsene umarmt das Kind. Die Spielleitung stellt die Klangschale auf die flache Handfläche und lässt sie erklingen. Dabei schaukeln die Erwachsenen behutsam mit dem Oberkörper vor und zurück.

Variante ab 5 Jahren

Die Kinder stehen vor ihren Stühlen im Kreis. Die Erwachsenen laufen so lange im Slalom um die Stühle herum, bis die Spielleitung ruft:

Lauf schnell wie der Wind!
Lauf schnell zu deinem Kind!

Jeder Erwachsene schnappt sich sein Kind, setzt sich in den Stuhlkreis und nimmt es auf den Schoß. Danach verläuft alles wie oben beschrieben.

Kuscheln tut gut
Alter: ab 3 Jahren
Material: 1 Klangschale

Am Meeresstrand

Die Erwachsenen und Kinder stellen sich hintereinander links im Kreis auf und halten die Hüfte oder Schulter der vor ihnen stehenden Person fest. Während sie nun langsam im Kreis herumgehen, sagt die Spielleitung:

Alle Familien machen ruhig und leise eine schöne, erholsame Zugreise.
Alle spielen einen Zug und gehen hintereinander geschlossen her.
An der Nordsee steigen alle aus und ruhen sich am Meeresstrand aus.
Alle setzen sich in den Stuhlkreis.

Wer möchte, schließt seine Augen im Nu und lauscht dem Meeresrauschen in Ruh.
Die Spielleitung lässt leise im Hintergrund die Entspannungsmusik mit Meeresrauschen erklingen. Dabei kann sie von einem der Fantasie entsprungenen Traumstrand berichten. Am Ende öffnen alle ihre Augen, ballen ihre Hände zu Fäusten, recken und strecken sich und stehen kurz auf.

Am Meeresstrand
Alter: ab 5 Jahren
Material: Entspannungsmusik (z. B. Nr. 4 „Reise zur Trauminsel" der CD „Kinderleichte Ruheerlebnisse" von Martin Buntrock); evtl. 1 Ocean-Drum

Variante ab 3 Jahren

Jeder Erwachsene geht gemeinsam mit seinem Kind Hand in Hand links im Innenkreis herum. Dabei sagt die Spielleitung laut:

Ich reiche dir meine Hand.
So gehen wir zum Strand.
Zu zweit Hand in Hand im Innenkreis spazieren gehen.
Hörst du von Weitem das Meer?
Das Meeresrauschen gefällt mir sehr.
Wie oben, jedoch lässt die Spielleitung hin und wieder die Klangschale erklingen.
Wir ruhen uns in den Strandkörben aus.
So klingt unser Familientag schön aus!
Die Gruppe setzt sich in den Stuhlkreis. Die Spielleitung lässt nun ein paarmal die Ocean-Drum erklingen. Wer möchte, schließt dabei seine Augen.

Du bist mein Kuschelbär!

Die Erwachsenen nehmen ihre Kinder, die Kuschelbären spielen, wie Babys auf den Arm und summen leise eine Melodie zum Entspannen und Einschlafen (z. B. „Schlaf, Kindlein, schlaf"). Dabei schaukeln sie ihre Kinder im Takt zur Melodie auf dem Arm sanft hin und her.

Variante

Die Kinder sitzen auf dem Schoß der Erwachsenen. Sobald die Spielleitung die Klangschale auf ihre flache Hand stellt und mit dem Klöppel gleichmäßig am Rand der Schale entlang reibt, streicheln die Erwachsene ihre Kinder, bis nichts mehr von der Klangschale zu hören ist.

Das Spiel endet, sobald die Spielleitung ein paarmal kurz hintereinander die Klangschale angeschlagen hat.

Du bist mein Kuschelbär!
Alter: ab 3 Jahren
Material: evtl. 1 Klangschale

Meine Streichelmassage
Alter: ab 5 Jahren
Material: Entspannungsmusik (z. B. Nr. 2 „Eintauchen in eine andere Welt" der CD „Kinderleichte Ruheerlebnisse" von Martin Buntrock), evtl. pro Kind 3-4 Sachen für die Streichelmassage (z. B. 1 Pinsel, 1 leere Toilettenrolle, 1 Igelball und 1 kleines Spielzeugauto).

Großer Klangkreis
Alter: ab 3 Jahren
Material: 1 Klangschale; evtl. 2-3 Klangschalen

Meine Streichelmassage

Die Kinder stellen ihre Stühle so auf, dass die Stuhllehne in Richtung Kreismitte zeigt. Sie setzen sich rittlings in den Stuhlkreis, verschränken ihre Arme auf der Stuhllehne und legen ihre Stirn darauf.

Während die Spielleitung die Entspannungsmusik einschaltet, beginnen die Erwachsenen auf Anweisung der Kinder hin, deren Rücken zu streicheln: Je nachdem, ob das Kind einen Finger, eine Hand oder gar beide Hände in die Luft hebt, dürfen sie passend dazu den Rücken streicheln. Die Kinder können ganz nach Belieben auf die gleiche Weise auch jederzeit eine neue Anweisung geben.

Die Streichelmassage dauert so lange, bis die Musik beendet ist.

Danach findet ein Rollenwechsel statt, sodass schließlich die Erwachsenen die Anweisungen geben und die Streichelmassage genießen dürfen.

Variante ab 6 Jahren

Die Kinder sitzen wie im oben beschrieben beisammen und erhalten jeweils 3-4 verschiedene Sachen für die Streichelmassage, die sie auf ihren Schoß legen. Davon sucht sich jedes Kind etwas aus und reicht es dem hinter ihm stehenden Erwachsenen.

Zum Rhythmus der Musik massiert dieser nun damit den Rücken seines Kindes, bis es ihm einen anderen Massagegegenstand reicht. Nun werden die beiden Sachen einfach ausgetauscht und der Rücken des Kindes wird mit dem neuen Gegenstand massiert.

Das geht so immer weiter, bis die Musik beendet ist.

Anschließend tauschen die Kinder die Rollen mit den Erwachsenen, die nun auf die gleiche Weise massiert werden.

Großer Klangkreis

Die Erwachsenen stehen hinter jeweils einem Kind, das im Stuhlkreis sitzt. Ein Kind erhält von der Spielleitung eine Klangschale, stellt sie auf seinen Schoß und schlägt sie an.

Alle Erwachsenen streicheln daraufhin den Rücken ihrer Kinder mit beiden Händen, bis der Klang verklungen ist. Das Kind übergibt die Klangschale seinem linken Nachbarkind, das diese erneut erklingen lässt. Die Erwachsenen streicheln nun wieder die Rücken der vor ihnen sitzenden Kinder, bis der Klang verklungen ist.

Die Klangmassage wird auf diese Weise fortgeführt, bis das erste Kind wieder an der Reihe ist. Nun tauschen alle Kinder ihre Plätze mit den Erwachsenen und eine neue Spielrunde beginnt.

Variante ab 5 Jahren

Im Gegensatz zu oben erhalten nun 2-3 Kinder, die einander im Stuhlkreis gegenübersitzen, jeweils eine Klangschale. Auf Anweisung der Spielleitung hin schlagen sie ihre Klangschalen gleichzeitig an. Ansonsten verläuft alles wie schon beschrieben.

Kuscheltier-Streichelmassage

Die Spielleitung teilt die Stofftiere aus. Je ein Erwachsener kniet direkt vor einem Kind und begrüßt das Kuscheltier, das es in den Händen hält. Danach übergibt das Kind sein Kuscheltier dem Erwachsenen. Auf Anweisung der Spielleitung hin streichelt der Erwachsene mithilfe des Kuscheltiers z. B. über die beiden Armen, den Bauch, die Wangen, die Nasenspitzen oder den Kopf des Kindes.

Am Ende sagt die Spielleitung:

Das Kuscheltier mag mich und natürlich auch dich!

Jeder Erwachsener umarmt nun mithilfe des Kuscheltiers das vor ihm sitzende Kind und beendet so die Streichelmassage.

Danach findet ein Rollenwechsel statt, sodass die Erwachsenen im Stuhlkreis diese Streichelmassage von den nun vor ihnen stehenden Kindern genießen können.

Variante ab 5 Jahren

Die Erwachsenen malen auf die Fingerkuppe ihres rechten oder linken Zeigefingers ein Gesicht auf, das sie dem Kind, das gerade vor ihnen sitzt, kurz zeigen. Danach verläuft alles wie oben beschreiben, jedoch mit dem Unterschied, dass die Erwachsenen die Streichelmassage mit ihrem Fingerpüppchen bzw. ihrem Zeigefinger durchführen und am Ende das Kind kurz umarmen.

Danach tauschen sie mit den Kindern die Rollen, die sich nun ebenfalls ein Gesicht auf die Fingerkuppe ihres linken oder rechten Zeigefingers aufmalen, um auf die gleiche Weise die Streichelmassage durchzuführen.

Kuscheltier-Streichelmassage
Alter: ab 3 Jahren
Material: pro Kind 1 Stofftier; evtl. 1 Schminkstift

Literaturtipps

Erkert, Andrea: Auf die Stühle, fertig, los! Stuhlkreisspiele für Kita, Hort und Schule. Freiburg im Breisgau, Herder, 2014.

Erkert, Andrea: Die 50 besten Wahrnehmungsspiele. München, Don Bosco, 2008.
Erkert, Andrea: Die 50 besten Wald- und Wiesenspiele. München, Don Bosco, 2012.

Erkert, Andrea: 3-Minuten-Spiele für zwischendurch. Begrüßungs- und Abschiedsrituale, Bewegungs- und Ruhespiele für situationsgemäße Übergänge. München, Don Bosco, 2015.

Erkert, Andrea: Im Kreis spielen und lernen. 111 Kreisspiele zu den neuen Bildungsanforderungen. München, Don Bosco, 2008.

Erkert, Andrea: Sanfte Ruheerlebnisse für Krabbelkinder. Hilfreiche Angebote zum Entspannen, Kuscheln, Trösten und Träumen für die Kleinsten. Münster, Ökotopia, 2014.

Friebel, Volker: Traumreisen für Kinder. Zur Förderung von Entspannung, Konzentration, Ich-Stärke und Kreativität. Münster, Ökotopia, 2013.

Günther, Sybille: Snoezelen – Traumstunden für Kinder. Praxishandbuch zur Entspannung und Entfaltung der Sinne mit Anregungen zur Raumgestaltung, Phantasiereisen, Spielen und Materialhinweisen. Münster, Ökotopia, 2002.

Herrmann, Bettina und Wittmann, Sybille: Fantasiereisen und Entspannungsgeschichten. Für Kinder von 3 bis 8 Jahren. Mit Musik-CD. München, Don Bosco, 2012.

Hess, Peter und Zurek, Petra Emily: Klangschalen. Mit allen Sinnen spielen und erleben. München, Kösel, 2008.

Müller, Anne Katrin: Fantasiereisen für Frühling, Sommer, Herbst und Winter. Für Kinder von 4-10. München, Don Bosco, 2013.

Müller, Else: Der Klang der Bilder: Phantasiereisen mit Klangschalen. Frankfurt am Main, Fischer, 2000.

Portmann, Rosemarie: Die 50 besten Entspannungsspiele. München, Don Bosco, 2008.

Salbert, Ursula: Ganzheitliche Entspannungstechniken für Kinder. Bewegungs- und Ruheübungen. Geschichten und Wahrnehmungsspiele aus dem Yoga, dem Autogenen Training und der Progressiven Muskelentspannung. Münster, Ökotopia, 2006.

Musiktipps

Für die Entspannungsspiele mit Musik aus diesem Buch sind folgende CDs, die beide im Ökotopia Verlag erschienen sind, empfehlenswert:

Kinder kommen zur Ruhe

Die schönsten Melodien zum Entspannen, Einschlafen und Träumen. CD-Sampler mit Liedern von Volker Friebel und Ralf Kiwit. Ökotopia 2006.

Kinderleichte Ruheerlebnisse

Entspannungsmusik zum Stillwerden, Träumen, Fantasieren und Einschlafen. Von Martin Buntrock. Dazu gibt es das gleichnamige Buch von der Autorin Andrea Erkert. Ökotopia 2009.

Register

Zur Autorin

Andrea Erkert ist Erzieherin, Entspannungspädagogin und Fachlehrerin einer Grundschulförderklasse und verfügt über mehrjährige Berufserfahrung als Leiterin eines 5-gruppigen Kindergartens. Seit über 25 Jahren bietet sie praxisnahe Fortbildungen und Elternabende in Kindergärten und Schulen u. a. zu den Themen Entspannung, Bewegung und Sprachförderung im In- und Ausland an. Mit ihrer Familie lebt sie in der Nähe von Stuttgart.

Die Autorin hat bereits über 60 spielpädagogische Bücher veröffentlicht, von denen die meisten in mehrere Sprachen übersetzt wurden. Inzwischen gehören sie zum Standard in vielen Kinderkrippen und Kindergärten und sind auch im Hort und Anfangsunterricht sehr beliebt. Im Ökotopia Verlag hat sie u. a. folgende Bücher veröffentlicht:

Das Stuhlkreisspiele-Buch
Bewegte und ruhige Spielideen zu jeder Zeit und zwischendurch

Inseln der Entspannung
Kinder kommen zur Ruhe mit 77 phantasievollen Entspannungsspielen

Kinderleichte Ruheerlebnisse
Mit Ruhespielen, Fantasiereisen, Mandalas und Streichelmassagen entspannen und innere Stille finden

Sie können Andrea Erkert für **Elternabende und Fortbildungen** im Kindergarten oder in der Schule buchen:

andrea.erkert_florida-sun@t-online.de
Tel.: 07191 908357
Mobil: 0173 3967162

Zur Illustratorin

Irene Brischnik hat schon früh ihre Liebe zu Büchern entdeckt und fand bereits im Jugendalter durch ihren Großvater zur Malerei. Nach langjähriger Berufstätigkeit als Grafikerin in einem Verlag erfüllte sie sich ihren Lebenstraum und arbeitet seitdem als selbstständige Illustratorin. Der Schwerpunkt ihrer Arbeit liegt in den Altersbereichen Kindergarten und Volksschule. Sie lebt mit ihrer Familie in Weiz (Österreich).
Für den Ökotopia Verlag illustrierte sie unter anderem „Religiöse Impulse für den Morgenkreis“ von Alexandra Reichenberg.

ökotopia

Jeden Tag wachsen

Andrea Erkert

INSELN DER ENTSPANNUNG

Kinder kommen zur Ruhe mit 77 phantasievollen Entspannungsspielen

ISBN 978-3-931902-18-6

Sybille Günther

SNOEZELEN – TRAUMSTUNDEN FÜR KINDER

Praxishandbuch zur Entspannung und Entfaltung der Sinne mit Anregungen zur Raumgestaltung, Phantasiereisen, Spielen und Materialhinweisen

ISBN (Buch) 978-3-931902-94-0
ISBN (CD) 978-3-936286-07-6

Ursula Salbert

GANZHEITLICHE ENTSPANNUNGS-TECHNIKEN FÜR KINDER

Bewegungs- und Ruheübungen, Geschichten und Wahrnehmungsspiele aus dem Yoga, dem Autogenen Training und der Progressiven Muskelentspannung

ISBN 978-3-936286-90-8

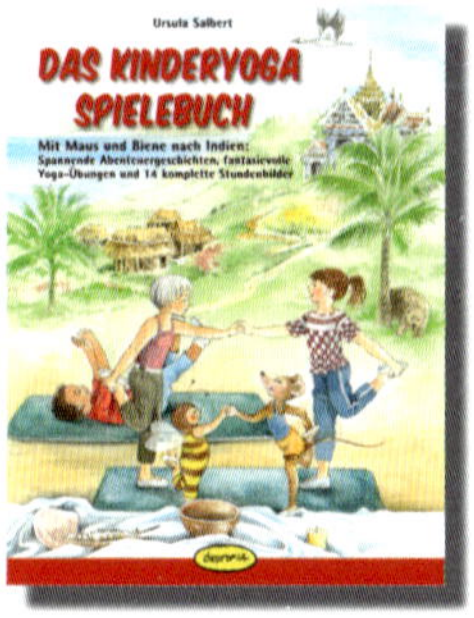

Ursula Salbert

DAS KINDERYOGA-SPIELEBUCH

Mit Maus und Biene nach Indien: Spannende Abenteuergeschichten, fantasievolle Yoga-Übungen und 14 komplette Stundenbilder

ISBN 978-3-86702-174-6

Beate van Dülmen

KLINGEN, SPÜREN, SCHWINGEN

Fantasiereisen mit der Klangschale: kindgerechte Spiele, Körperübungen, Klangmassagen, Rituale und Lieder zur Stärkung von Selbstbewusstsein und Selbstvertrauen in Kiga & Grundschule

ISBN (Buch) 978-3-86702-192-0
ISBN (CD) 978-3-86702-193-7

BLITZIMPULSE RUHERAUM

Entspannungsspiele & -ideen für den Kita-Alltag

ISBN 978-3-86702-360-3

Andrea Erkert

SANFTE RUHEERLEBNISSE FÜR KRABBELKINDER

Hilfreiche Angebote zum Entspannen, Kuscheln, Trösten und Träumen für die Kleinsten

ISBN (Buch) 978-3-86702-244-6
ISBN (CD) 978-3-86702-245-3

Margarita Klein

SCHMETTERLING UND KATZENPFOTEN

Sanfte Massagen für Babys und Kinder

ISBN 978-3-86702-296-5

ökotopia

Jeden Tag wachsen

Christa Baumann

BLITZSCHNELLE IDEEN FÜR DEN STUHLKREIS

Über 140 Fingerspiele, Lieder, Bewegungsimpulse, Klanggeschichten, Rätsel und Fantasiereisen als Pausenfüller, Morgenritual und Abschluss

ISBN (Buch) 978-3-86702-209-5
ISBN (CD) 978-3-86702-210-1

Nicole Gombert

DAS INKLUSIONS-SPIELEBUCH

So gelingt die inklusive Kita

ISBN 978-3-86702-355-9

Sybille Bierögel

STERNSTUNDEN – TURNEN MIT ALLTAGSMATERIALIEN UND KLEINGERÄTEN

Fantasievolle Turnstunden kinderleicht umsetzbar in Kiga, Grundschule und Verein

ISBN 978-3-86702-241-5

Wolfgang Hering

AQUAKA DELLA OMA

88 alte und neue Klatsch- und Klanggeschichten mit Musik und vielen Spielideen

ISBN (Buch) 978-3-931902-30-8
ISBN (CD) 978-3-931902-31-5

Wolfgang Delnui

BLITZSCHNELLE IDEEN MIT RHYTHMUS & MUSIK

Kurze Spiele als Pausenfüller, Ritual und Auflockerung in Kita und Grundschule

ISBN 978-3-86702-333-7

Andrea Erkert

RAN AN DIE STÜHLE

Ruck-Zuck Spiele mit Stühlen für Kita-Kinder von 1-6 Jahren

ISBN 978-3-86702-298-9

Elke Gulden, Bettina Scheer

KINDER TANZEN HIP HOP, DISCO, SWING & SOUL

Einfache Choreografien für Kita-Kinder von 2 bis 6

ISBN (Buch inkl. CD) 978-3-86702-311-5

Gertraud Mayrhofer

ICH SCHENK DIR EINEN TANZ

Ein tanzpädagogisches Erlebnisbuch für Kiga und Grundschule

ISBN (Buch inkl. CD) 978-3-86702-229-3

Bleiben Sie in Kontakt

www.oekotopia-verlag.de